Immobilienkauf für Einsteiger

Kaufe niemals eine Immobilie, ohne dieses Buch gelesen zu haben!

Bis zu 30 % beim Immobilienerwerb sparen!

Manuela Hasselstein-Röder

1. Auflage

2020

Inhaltsverzeichnis

Über die Autorin

Unsere Premium Ratgeber werden ausschließlich von Experten geschrieben, die hauptberuflich in diesem Gebiet tätig sind und als Experten auf ihrem jeweiligen Gebiet gelten.

Nichts ist wichtiger in einem Premium Ratgeber, als die fachliche Kompetenz und dieses Wissen in einfachen und verständlichen Worten wiederzugeben.

Dieser wundervolle Ratgeber wurde von Manuela Hasselstein-Röder geschrieben. Eine Expertin auf dem Finanz- und Immobiliensektor mit über 25-jähriger Erfahrung im In- und Ausland.

Manuela Hasselstein-Röder, geb. 1973 in New York, verheiratet. Ihr Vater, sowie ihre Mutter waren beide Börsen- & Immobilienexperten. Die Mutter war über 11 Jahre an der Börse Frankfurt tätig, bevor Sie mit ihrem Mann nach New York zog, damit er an der berühmtesten Börse der Welt, der Wall Street, arbeiten konnte. Als Manuela Hasselstein mit 16 Jahren zurück nach Rödermark (nähe Frankfurt a.M.) kam, machte Sie mit 19 Jahren ihr Abitur. Im Anschluss absolvierte sie die Ausbildung zur

Bankkauffrau und studierte in der Sparkassen-Organisation Betriebswirtschaft. Durch ihre Affinität für Wirtschaft, Finanzen und Immobilien wurde Sie zur Individualkundenberaterin für vermögende Kunden tätig. Heute ist sie als selbständige Vermögensberaterin (national & international), sowie als Autorin überaus erfolgreich tätig. Mit Vorliebe schreibt sie Bücher über Immobilien, Aktien, Börsen, Sparanlagen, Daytrading, Investment uvm. und betitelt es als eine Art Sucht. Durch ihre sympathische Art versteht Sie es, die Leser in ihren Bann zu ziehen und gerade "Neulinge" die sich für diese Themen interessieren, ein Kraftpaket an Wissen mitzugeben.

Deshalb sind ihre Bücher sehr intensiv und sie teilt sehr viele Internas, die Sie so nicht finden können (auch nicht im Internet), damit die Leser erfolgreich investieren können.

Einleitung

Mehr denn je suchen Anleger eine Lösung zur sicheren Geldanlage. Was ist schon sicher in einer Welt ohne Zinsen?

Viele Investoren möchten Ihr Geld schützen. Sie suchen Alternativen, die wenig Schwankungen und ein überschaubares Risiko mitbringen. Schon seit vielen Jahren leben wir in ganz Europa mit der Nullzinspolitik. Wie soll das nur weitergehen?

Mit dem Aktiengeschäft ist das so eine Sache. Die volatilen (stark schwankenden) Märkte an der Börse sind nicht für Jedermann geeignet. Andere Sachwerte wie der Goldbarren im Safe ist auch nicht des Rätsels Lösung. Schließlich schwankt der An- und Verkaufspreis für Edelmetalle stark. Diese Differenz müssen Sie erst einmal verdienen, um mit Silber, Gold, Platin und Co in die Gewinnzone zu kommen. Was ist die Lösung, um die richtigen Sachwerte zu kaufen?

So manch junger Erwachsene liebäugelt mit dem Gedanken, später ein Eigenheim zu besitzen. „Da weiß man was man hat!“ Diese oder ähnliche Sätze verkündet der konservative Deutsche, der glücklich im Reihenhaus auf dem Land lebt. Eine Immobilie kostet jedoch viel Geld. Noch dazu bindet sie die Menschen an einen bestimmten Wohnort. Nicht jeder möchte seine Immobilie nach dem Umzug vermieten. Welche Vorteile bringt es überhaupt steuerlich, Eigenheim zu besitzen? Kann es gar mit Verlusten einhergehen, wenn man ein Objekt auf Druck verkaufen muss? Was ist, wenn die Darlehenszinsen irgendwann steigen?

Diese und viele weitere Fragen beantwortet Ihnen dieser Ratgeber. Der Leser kann sich objektiv über einen Sachwert informieren, der mehr denn je gefragt ist. Die Immobilie hat Substanz. Betongold! Eine Eigentumswohnung in bester Lage kann man immer gut vermieten. Eine Immobilie steigt! Das richtige Objekt bietet Inflationsschutz. Wer im Eigenheim lebt, geht kein Risiko ein. Haus- und Grundbesitz ist die beste Basis für den Vermögensschutz. Was ist dran an diesen Aussagen?

Sachwerte sind mehr denn je in vielen Köpfen der Anleger verankert. Die Zinspolitik sagt seit mehreren Jahren, dass die Wirtschaft angekurbelt wird. Die Darlehen sind billig wie nie. Private oder gewerbliche Investoren sollen gefördert werden, billiges Geld bei der Bank aufzunehmen. Hierbei wird vermutlich der Investor dazu verleitet, einen Kreditvertrag zu unterschreiben. Zins- und Tilgungsrate kann sich heute doch fast jeder leisten! Was aber passiert, wenn die Zinsen steigen? Oder ist von dauerhaft niedrigen Zinsen auszugehen?

Lesen Sie dieses Buch. Sie erfahren viele Grundlagen zum Thema Immobilien. Egal, ob Eigenheim oder vermietetes Objekt: Es gibt Details, auf die Sie achten müssen. Schritt für Schritt informiert Sie dieser Ratgeber, was beim Haus- und Grundbesitz wichtig ist. Herzlich Willkommen in diesem Ratgeber, der mehr aus Ihrem Vermögen macht.

1. Lohnt sich ein Immobilienkauf?

Nicht nur in Deutschland lieben sie viele: die Immobilie. Die meisten Familien träumen davon, im Eigenheim zu leben. Schließlich möchte man sich nicht von Mietpreis-Erhöhungen abhängig machen. Ebenso haben viele Mieter Angst davor, eine Kündigung bezüglich Eigenbedarfs vom Vermieter zu erhalten. Wohnraum ist nicht nur in Deutschland knapp. Vor allem in Ballungszentren wie Stuttgart, München, Berlin, Frankfurt oder Hamburg steigen die Grundstückspreise rapide an. Interessante Städte locken viele Menschen an, dort zu wohnen. Auch die Arbeitsplätze dort sind für erfolgreiche Menschen lukrativ. Deshalb möchten sie in den Ballungszentren wohnen. Hier kann der durchschnittliche Deutsche besser Karriere machen als auf dem Land.

Wenn Sie sich in München oder in bester Lage in Hamburg oder Frankfurt auf Wohnungssuche begeben, findet oft nur eine Massen-Besichtigung statt. Die Nachfrage nach adäquaten Wohnungen ist größer denn je. Auf eine einzige Wohnung treffen oft 20 Mietsuchende oder noch mehr. So ist es keine große Überraschung, dass sich viele Menschen unabhängig vom Vermieter machen wollen und sich ein Eigenheim anschaffen möchten. Wer schon ein paarmal im Leben umgezogen ist, kann ein Lied davon singen: Jeder Umzug kostet Geld. Zudem ist der Ortswechsel mit allerhand Nervenstrapazen verbunden. Sie müssen viel Zeit investieren, um sich ordnungsgemäß an- bzw. umzumelden, neue Vereine zu suchen und alle Ämter über den Umzug zu informieren. Aus diesem Grunde kann ein Eigenheim davor schützen, sich immer wieder erneut auf Wohnungssuche begeben zu müssen.

Die Vorteile vom eigenen Anwesen liegen auf der Hand. Sie machen sich unabhängig, können Ihr hart verdientes Geld in ein Objekt stecken, das Sie jeden Tag sehen. Schließlich ist im Gegenzug ein Sparbuch nur ein Stück Pappe. Zudem gibt es für die Ersparnisse kaum noch Zinsen. Warum also das Geld zur Bank bringen? Im Reihenhaus zu wohnen – diesen Traum kann sich „in einer Welt ohne Zinsen“ fast jeder erfüllen.

Je doch ganz so einfach sieht es mit dem Hauskauf nun doch nicht aus. Die horrenden Grundstückspreise lassen die Preise auch für kleine Immobilien schnell in die Höhe schießen. Wie setzt sich der Preis einer Immobilie überhaupt zusammen?

Es sind vor allem drei Komponenten, die die Basis des Immobilienpreises bilden:

1. Der Bodenrichtwert: Das ist der Wert des Grundstücks bzw. des Grundstücks-Anteils. Bei Eigentumswohnungen wird genau je Wohnung berechnet, wie hoch der Grundstücksanteil liegt. Beim Häuschen mit Garten berechnet sich Ihr Grundstücksanteil nach der Flächenzahl in qm.
2. Die Herstellungskosten: Die baulichen Anlagen auf Ihrem Grundstück machen einen großen Anteil an dem Immobilienpreis aus, dieser wird im Wertgutachten ausgewiesen.
3. Die Herstellungskosten der baulichen Außenanlagen, Garagen, Wege oder Garten-Anteile gehören meist zur Immobilie mit dazu.

All diese Elemente bestimmen den Sachwert Ihrer Immobilie. Vor allem der Preis für das Grundstück, ist gerade in den gefragten Ballungszentren, die letzten Jahre stark angestiegen. Der Bodenrichtwert wird in einer Tabelle dargestellt. Er liefert die richtige Grundlage, wie hoch der Wert einer Immobilie in der jeweiligen Lage ist. Fakt ist: Wohnraum ist knapp. Wenn die Nachfrage größer als das Angebot ist, steigt der Preis automatisch.

Die Wertgutachten der Immobilienmakler zeigen: Auch im Jahr 2019 sind die) für solide Objekte rasant angestiegen. In den Vorjahren 2017 und 2018 war der Preisanstieg für Grundstücke noch extremer. Auch im Jahre 2020 ist davon auszugehen, dass nach dem kurzen Einbruch der Frühjahrs-Krise die Immobilienpreise wieder ansteigen. Die Prognosen für die Zukunft sind gut.

Nicht nur der Grundstückspreis bestimmt das Wertgutachten für eine Wohnung bzw. Haus. Wie kann man die Herstellungskosten genau berechnen, zum Beispiel für ein Reihenhaus, das 1998 erbaut wurde?

Nach einer Sachwertrichtlinie wird ein Immobiliengutachten erstellt. Hierbei werden folgende Faktoren berücksichtigt:

- Wie ist es um die Bau-Qualität der Immobilie bestellt? Dabei werden Dach, Fenster, Außenwände, Türen, Treppen, Böden, Isolation, Heizung und Sanitäranlagen jeweils einzeln bewertet.
- Die Art des Hausbaus ist ebenso entscheidend für den Preis einer Immobilie wie die Qualität. Hier spielt es eine Rolle, ob das Haus Keller und Dachgeschoss besitzt. Ebenso sind Gartenanteil sowie Luxus-Ausstattungen von Bedeutung, wenn es ums Gutachten einer Immobilie geht.

Sie sehen, dass bei einem gebrauchten Objekt genaue Schätzungen vorgenommen werden sollten. Wenn Sie bei einem Makler ein Haus oder eine Eigentumswohnung (ETW) kaufen, sollten Sie fundierte Gutachten verlangen. Bei einem seriösen Makler ist es meist selbstverständlich, dass er mehrere fachkundige Meinungen zu Rate zieht.

1.1 Wie sieht es mit einer Neubau-Immobilie aus?

Natürlich bestimmen auch hier die Baukosten den Wert. Während die Grundstückspreise sich nicht verändern, wenn ein Haus in bestimmter Lage gebaut wird, kommt es für den Gesamtwert auf die Bausubstanz an. Ein neues Haus mit energiesparender, ökologisch wertvoller Bauform, kostet in der Anschaffung viel Geld. Auf die Dauer gesehen zahlt sich das Wohnen darin jedoch aus. Somit sparen Sie Strom, Heizung und weitere Energiekosten. Zudem können ökologisch modern gebaute Objekte sogar bedeuten, dass Sie Subventionen vom Staat erhalten. Förderprogramme von KfW (Kreditanstalt für Wiederaufbau) sorgen dafür, dass Sie preiswerte Sonderdarlehen erhalten.

Wenn Sie sich für einen Neubau entscheiden, kommt es auf viele Details an. Es wäre zu einfach zu sagen: „Kaufen Sie Neubau! Das ist immer besser als eine gebrauchte Immobilie!" Ältere Bestandsimmobilien kosten weniger als Neubau. Bei Neubau hingegen können Sie auf modernste Bautechnik zählen. Zudem kann ein Gebraucht-Objekt Modernisierungen sowie teure Renovierungskosten nach sich ziehen.

1.2 Finanztipp:

Wenn Sie sich zum Inflationsschutz für den Kauf einer Immobilie entscheiden, sollten Sie genau vergleichen. Holen Sie sich vor allem bei gebrauchten Objekten objektive Wertgutachten ein. Der Neubau bietet eine gute Grundlage, dass Sie auf moderne Bausubstanz setzen können. Dennoch sollten Sie auch hier mit dem spitzen Bleistift rechnen.

In der Summe sind vor jeder Investition in diese Sachwertanlage im Vorfeld folgende Fragen zu klären:

- Welche Summe für eine Immobilie kann ich mir leisten?
- Wie hoch wäre das Darlehen einer Bank, das mir genehmigt wird?
- Bestehen Fördermöglichkeiten von der KfW oder andere Zuschüsse, die mir den Immobilienkauf erleichtern?
- Welche Eigenmittel kann ich einbringen, damit ich mir das Objekt leisten kann?
- Ist es auf Dauer möglich, die Immobilienfinanzierung zu stemmen?
- Was wäre das Worst-Case-Szenario und wie kann ich mich davor schützen, das Objekt unter finanziellem Druck verkaufen zu müssen?

An diesen Fragen sehen Sie: Bevor Sie sich eine Immobilie zulegen, sollten Sie sich die Entscheidung nicht zu leicht machen. Der Sachwert eines Objektes bietet natürlich Inflationsschutz. Dennoch müssen die meisten Investoren Darlehen aufnehmen, um sich eine Immobilie überhaupt leisten zu können. Für diesen Zweck sollten Sie sich im Vorfeld von einer

Bank beraten lassen. Bitte lassen Sie sich nicht von billigen Darlehenszinsen blenden. Eine Immobilie ist eine Investition fürs Leben. Hier sollten Sie die nächsten 20 Jahre rechnen – oder gar noch länger.

1.3 Der Investitionsplan eines Immobilienkaufes:

Gehen wir davon aus, Sie kaufen ein Neubau-Objekt. Sie bezahlen hierfür einen festen Kaufpreis. Wenn Sie den Kaufpreis als Grundlage hernehmen, sind noch längst nicht alle Kosten abgedeckt.

Mit welchen Gesamtkosten müssen Sie rechnen, wenn Sie eine ETW oder ein Haus kaufen?

Folgendermaßen setzt sich die Investition zusammen. Damit Sie die Summen abschätzen können, wird hier mit einem Praxis-Beispiel gerechnet.

Kaufpreis der Immobilie:	**300.000,00 Euro**
+ ca. 1,5 % Notar- und Grundbuchkosten	4.500,00 Euro
+ ca. 3,50 % Maklergebühren (VB)	10.500,00 Euro
+ ca. 3,50 % Grunderwerbsteuer	10.500,00 Euro
Gesamtpreis inkl. Erwerbs Nebenkosten:	**325.500,00 Euro**

In diesem Fall muss der Makler vom Käufer bezahlt werden. Während die Notar- und Grundbuchkosten bundesweit weitgehend ähnlich festgelegt sind, schwanken die Preise für den Makler. Außerdem sollten Sie bedenken, dass Neubauobjekte manchmal sogar ohne Maklergebühren zu kaufen sind. Der Vermittler arbeitet manchmal auf Verhandlungsbasis. Wer hier clever ist, kann Geld sparen. Die Kosten bei gebrauchten Immobilien teilen sich oft Käufer und Verkäufer. Fakt ist, dass Sie bei Immobilienportalen auch ganz ohne Makler kaufen können.

1.4 Wie sieht es bei der Grunderwerbsteuer aus?

Diese Steuer ist für das jeweilige Bundesland, in dem die Immobilie gekauft wird, bestimmt. Wie der Name schon sagt: Die Abgabe wird für den Kauf von Grund erhoben. Sie kann vom jeweiligen Bundesland an die Kommune weitergereicht werden. Von Bayern über Nordrhein-Westfalen, das Saarland von Hessen nach Hamburg, Berlin und Schleswig-Holstein: Der Satz für die Grunderwerbsteuer wird in unterschiedlicher Höhe berechnet. Während Länder wie Sachsen oder Bayern 3,5 % veranschlagen, macht die Steuer in Brandenburg, Nordrhein-Westfalen und weiteren Ländern ganze 6,5 % aus. Als Basis zur Berechnung wird die Bemessungsgrundlage (meist der Anschaffungspreis) verwendet.

Kaum zu glauben: Ganze ca. 1,8 % des Steueraufkommens in ganz Deutschland besteht aus Einnahmen der Grunderwerbsteuer. Im Jahre 2017 betrug diese Summe ganze 731 Milliarden Euro!

Egal, wie hoch die Nebenkosten Ihres Immobilienerwerbs genau aussehen: Die Summe ist recht hoch. In diesem einfachen und dennoch vorsichtig berechneten Beispiel liegen die Nebenkosten immerhin bei 25.500,00 Euro. Für diese Summe bekommen Sie real keinen Gegenwert. Dennoch könnte sich der durchschnittliche Deutsche für genau diesen Preis einen neuen Kleinwagen mit guter Ausstattung kaufen.

Schon alleine aus diesem Grunde muss der Immobilienkauf wohlüberlegt sein!

Sicher will ich Ihnen eine Immobilie nicht schlechtreden. Mit dem Beispiel soll lediglich gesagt werden: Überlegen Sie sich genau, wann Sie wo welche Immobilie kaufen möchten. Der Erwerb einer Immobilie bedeutet in den meisten Fällen, dass Sie eine Entscheidung fürs Leben treffen!

1.5 Mietwohnung versus Eigenheim?

Die Mieten, die sich im Laufe eines Lebens ansammeln, summieren sich schnell einmal auf eine sechsstellige Summe. In München zum Beispiel kostet guter Wohnraum viel Geld. So bezahlen manche Mieter nicht selten ca. 1.200,00 Euro pro Monat für kleinen Wohnraum mit ca. 75 qm. Das ergibt im Laufe von nur 10 Jahren eine stolze Summe von 144.000,00

Euro (1.200 x 12 x 10). Diesen hohen Betrag bezahlen Sie an eine völlig fremde Person. Deshalb lohnt es sich für viele Investoren, die Miete an sich selbst zu bezahlen. Wie Ihnen das gelingen kann, erfahren Sie im nächsten Kapitel.

Bedenken Sie: Wenn es ums Geld geht, sollten Sie nichts dem Zufall überlassen. Wie sagte schon Peter Ustinov?

„Der einzige Grund, warum ich einen Werbespot für die Kreditkarte American Express machte, war, um meine American Express Kreditkartenrechnung zu bezahlen."

2. Die Immobilie als Eigenheim

Das Eigenheim lieben nicht nur in Deutschland viele intelligente Anleger, die ihre Miete an sich selbst bezahlen möchten.

Das Eigenheim bringt viele Vorteile mit sich. Sie können sich dabei nicht nur in Ihren Wohnträumen verwirklichen, sondern schaffen auch eine gute Grundlage für Ihre Nachkommen. Mittlerweile weiß es unsere nächste Generation mehr als zu schätzen, wenn ihnen Sachwerte wie Immobilien vererbt werden. Eigenheim zu besitzen heißt aber nicht nur, Vorteile zu haben. Wem ein Reihenhaus gehört, der muss sich darum kümmern, ggf. einen Garten anzupflanzen und sich mit Modernisierungen auseinandersetzen. Deshalb gilt, bevor Sie sich eine eigene Immobilie zulegen, ein ähnlicher Spruch wie in der Ehe: „Drum prüfe, wer sich ewig bindet!"

Von den steigenden Preisen profitieren Sie als Eigenheimbesitzer natürlich auch. Dennoch muss Ihnen klar sein, dass ein Verkaufserlös der Immobilie nur dann entsteht, wenn Sie auch tatsächlich verkaufen. Der „reine Buchgewinn" ist allenfalls ein nettes Beiwerk, wenn Sie im eigenen Heim leben. Demgegenüber wäre natürlich zu stellen, dass die Mieten, wenn Sie in einer ähnlichen Region leben, ansteigen würden. Ihre Rate zum Eigenheim (Kreditrate, die Sie monatlich an die Bank bezahlen) bleibt hingegen über die Zeit der Zinsfestschreibung gleich. Somit haben Sie indirekt einen großen Vorteil der Wertsteigerung beim eigenen Objekt.

Wie aber sehen Sie genau aus – die Licht- und Schattenseiten rund um die eigene Immobilie?

2.1 Vorteile

- Sie können sich Ihr Haus, Ihre Villa oder die Eigentumswohnung genau so gestalten, wie es Ihren Vorlieben entspricht. Egal ob eigener Teich im Garten oder die Maisonette-Wohnung mit Parkett aus Edelholz: Wer in Neubau investiert, kann sich seine Wünsche voll und ganz verwirklichen.

- Wenn Sie Ihr schwer verdientes Geld derzeit bei der Bank anlegen, dann bekommen Sie kaum Zinsen. Genau deshalb ist Eigenheim doppeltes Gold wert. Täglich sehen Sie, was Sie von Ihrem Vermögen haben. Nirgends wird das so deutlich wie bei einer Immobilie, in der Sie leben!
- Sie sind nicht von einem Vermieter abhängig, wenn Sie ins eigene Anwesen investieren. Vor allem in Städten, in denen Wohnraum mehr denn je gefragt ist, haben viele Mieter Angst davor, dass der Besitzer Eigenbedarf anmeldet. Das kann Ihnen als Inhaber nicht passieren! Mehr denn je liebt der durchschnittliche Deutsche vor allem eines: das eigene Haus!
- Wie ergeht es Ihnen, wenn Sie an Ihre Kinder bzw. Nachkommen denken?
  Wenn Sie ein Objekt vermieten, schenken Sie Ihren Kindern den perfekten Startschuss in die Zukunft. Noch dazu genießen Sie bei der Übertragung von Haus- und Grundbesitz viele steuerliche Vorteile. Sehen Sie sich die aktuelle Erbschafts- und Schenkungssteuer-Tabelle an. Daran wird klar, dass alle Beteiligten der Familie hier stark profitieren. Sparen Sie Steuern. Bei der Übertragung von Depot oder Sparkonto ist das nicht so einfach wie beim Haus bzw. der ETW.
- Vor allem Familien genießen es, im eigenen Heim im Garten zu toben und sich ihre Nachbarn selbst auszusuchen. Gerade auf dem Land ist ein Häuschen im Grünen noch leistbar. Bedenken Sie, dass Sie in günstigen Bundesländern deutlich billiger leben können als in teuren Regionen wie Baden-Württemberg oder Bayern. Egal, ob kleiner Pool im Garten oder die besonderen Obstbäume, die Sie schon immer haben wollten: Bei Eigenheim sind Sie nicht auf die Ziele von anderen angewiesen.
- Sie denken, Sie sparen kaum Steuern rund ums Eigenheim? Im Grundsatz ist das richtig. Die Förderung nach § 10 e mit Baukindergeld und vielen Zuschüssen ist für Häuslebauer entfallen.

Trotzdem können Sie bei Instandhaltungen diverse Kosten steuerlich geltend machen. Zudem ist es möglich, immer Geld ins Eigenheim zu investieren. Auch hier gilt: Genießen Sie den Wintergarten, das ausgebaute Dachgeschoss und viele Vorteile mehr.

- Schlaue Anleger nutzen es, im Eigenheim auch Mieteinnahmen zu generieren. Wie ist das möglich? Egal, ob Ausbau des oberen Stockwerkes oder die Untervermietung eines Zimmers an Studenten: Wer sich mit den aktuellen Möglichkeiten in der Umgebung auseinandersetzt, weiß, wie er auch im Eigenheim Zusatzeinkünfte generieren kann.

2.2 Nachteile

- Eine Immobilie kostet viel Zeit und jede Menge Arbeit. Sie wissen, was rund um die Gartenpflege zu tun ist? Wer keine Freude an dieser Tätigkeit findet, sollte von Anfang an die Finger vom eigenen Garten lassen. Egal, ob Unkraut jäten, Heckenschneiden oder Rasenmähen: Nicht jedem Bewohner, der voll und ganz im Berufsleben steht, ist bewusst, wie viel Freizeit das eigene Haus kostet.
- Handwerkliches Geschick ist gefragt, wenn Sie nicht permanent teure Handwerker-Rechnungen bezahlen möchten. Nicht jedem ist dieses Talent in die Wiege gelegt. Lassen Sie die Finger von Sanierungen, wenn Sie selbst keinen Spaß daran haben. Natürlich steht demgegenüber, dass Sie jede kleine Reparatur vom Profi durchführen lassen. In diesem Fall müssen Sie sich bewusst sein, dass Sie oft viele Wochen oder Monate darauf warten, bis Sie Ihre Umbaumaßnahmen verwirklichen können.
- Ein gekauftes Anwesen ist kein Selbstläufer! Wenn es um Investitionen geht, wissen Sie bei Eigenheim: Ein Haus kann eine wahre Spardose sein! Auch eine Altbauwohnung, die immer wieder saniert werden muss, unterschätzen viele Anleger in Sachen Kosten. Deshalb gilt: Bilden Sie Rücklagen! Das schützt vor bösen Überraschungen.

- Berücksichtigen Sie immer die Nebenkosten bei Haus- und Grundbesitz. Nicht nur das eigene Haus verursacht Müllgebühren und Co. Eine ETW kostet auch Nebenkosten, die monatlich abgebucht werden. Grundsteuer, Wasser, Wartungsarbeiten, Kanal-Gebühren und Co muss jeder Eigenheimbesitzer von Anfang an berücksichtigen.
- Wer sich gern auf Reisen begibt oder unabhängig vom Markt seine berufliche Zukunft verwirklichen möchte, muss wissen: Eine Immobilie kann wie ein Klotz am Bein sein. Ein Beispiel: Sie beziehen am Stadtrand von Berlin ein eigenes Reihenhaus. Jetzt erhalten Sie ein hervorragendes, berufliches Angebot in Ingolstadt. Das Pendeln fällt auf Dauer schwer und kostet zu viel Zeit. Sie planen also, Ihr Haus in Berlin nach 5 Jahren Selbstnutzung zu verkaufen. Die Nebenkosten, die Sie beim Erwerb bezahlt haben, sind vom Wertgewinn abzuziehen. Zudem ist es vom Markt abhängig, wie sich eine Immobilie veräußern lässt.
- Nicht immer lässt sich Eigenheim gut vermieten, wenn Sie es nicht verkaufen können (siehe vorheriger Punkt). Zudem wäre es in diesem Beispiel nicht einfach, von einer völlig fremden Stadt aus sich rund ums vermietete Haus zu kümmern. Sie sehen also: Wenn Sie im eigenen Anwesen leben, sollten Sie sehr langfristig planen. Berufliche Flexibilität ist nahezu ausgeschlossen. Wer einmal mit Sack und Pack ins Ausland verschwinden will, muss die Finger von Haus- und Grundbesitz lassen.
- Wertschwankungen bestimmen den Markt. Das gilt auch fürs Eigenheim, wenn zum Beispiel in Ihrer Wohngegend ein Flughafen gebaut wird oder andere Krisen drohen. Dann entfallen oft wichtige Arbeitsplätze. Überschwemmungen oder Sturmschäden können oft ganze Regionen zerstören! Sehen Sie also immer das Große und Ganze in der jeweiligen Lage.

Diese Elemente sollten Sie sich genau überlegen, wenn Sie sich für oder gegen das eigene Objekt entscheiden.

„Wir haben eigentlich unser Budget nicht überschritten. Die Budgetierung war einfach tiefer als unsere Ausgaben“

Zitat von Keith Davis

Auch diesen Punkt dürfen Sie beachten. Sollten Sie sich eine Finanzierung zumuten, muss diese auf Dauer leistbar sein. Eine Mietwohnung können Sie schnell kündigen, wenn Scheidung oder der Verlust des Arbeitsplatzes ansteht. Beim eigenen Objekt sieht das schon anders aus.

2.3 Die optimale Rücklagenbildung

Wie viele Rücklagen sollten Sie sich für das eigene Häuschen oder die ETW bilden?

Es wird immer wieder davon gesprochen: Wer spart, wird siegen. So sieht es auch mit Rücklagen aus. Vor allem Haus- und Grundbesitzer müssen die richtige Summe ansparen, damit Sie gut für die Immobilie vorsorgen. Die Experten von der LBS empfehlen eine Rate von zehn Euro jährlich pro Quadratmeter Wohnfläche. Für ein Haus mit 120 qm sind das also 1.200,00 Euro im Jahr.

Bei einer Eigentumswohnung ist, je nach Zustand, die Sparrate ähnlich zu berechnen. Zudem gilt die Tatsache: Sparen Sie mindestens 3 % Ihres Nettoeinkommens pro Jahr für die Immobilie. Wer sich als einkommensstark sieht und mehr als der Durchschnitt verdient, möchte in der Regel auch luxuriöser wohnen. Deshalb kann hier die Sparrate auf 4 % vom Nettoeinkommen angehoben werden. Wohlgemerkt: Diese Empfehlung dient nur für die Reserve fürs Eigenheim. So können Sie Modernisierungen und Co auf Dauer bewerkstelligen.

2.4 Expertentipp

Sie kaufen eine Eigentumswohnung und müssen pro Monat Wohngeld bezahlen? Hier ist eine Instandhaltungsrücklage meist mit eingerechnet. In der Regel wird einmal pro Jahr aufgelistet, wie die Sparrate, die als Wohngeld von Ihnen zu entrichten ist, aufgeteilt wird.

Ein Beispiel: Petra kauft eine kleine Eigentumswohnung und wohnt mit ihrem Freund darin. Der Kaufpreis der Wohnung in der Nähe von Hamburg liegt für Neubau bei stolzen 300.000,00 Euro. Automatisch wird ihr ein monatliches Wohngeld von 350,00 Euro abgebucht. Diese setzt sich aus einer Instandhaltungsrücklage von 100,00 Euro und 250,00 Euro für entstehende Kosten zusammen. Die Rücklage wird von der Eigentümergemeinschaft dafür hergenommen, dass Renovierungen der Fassade, des Gemeinschaftskellers, der Tiefgarage und Co in Zukunft vorgenommen werden können. Von den 250,00 Euro des Wohngeldes hingegen werden Hausmeister, Gärtner, Wartung für Aufzug, Reinigungsfachkräfte und weitere Kosten bezahlt.

3. Die Kapitalanlage – eine solide Basis?

Kennen Sie folgendes Zitat von Douglas Adams?

„Ich bin ein Jahr lang tot, aus steuerlichen Gründen."

Wie sieht es in Sachen Steuern für den Kapitalanleger aus?

Damit es Ihnen nicht genauso wie Adams geht, sollten Sie auf steuerliche Aspekte bei der Geldanlage großen Wert legen. Eines vorneweg: Vor allem Kapitalanleger, die Mieteinnahmen auf ihrem Konto verbuchen, um die Darlehensrate zu begleichen, können Steuern sparen!

Darin besteht auch der größte Vorteil gegenüber dem Eigenheim: Wer sich ein Anwesen kauft, um es zu vermieten, kann Verluste mit anderen Einkünften verrechnen.

Alle Vor- und Nachteile des eigenen Anwesens, die im 2. Kapitel aufgelistet sind, gelten meist auch für die vermietete Immobilie. Allerdings sollten Sie bei dieser Investition noch ein paar weitere Punkte beachten, die ich Ihnen hier vorstelle.

Worin bestehen die steuerlichen Vorteile des vermieteten Anwesens?

Hier im Ratgeber wird Ihnen allenfalls ein grober Überblick darüber geschenkt, welche Aspekte Sie in Ihrer Einkommenssteuer berücksichtigen dürfen. Zunächst einmal müssen Sie die Mieteinnahmen in Ihrer Steuererklärung unter der Einkunftsart „Vermietung und Verpachtung" deklarieren.

In dieser Anlage dürfen Sie aber auch viele Ausgaben, allem voran Kosten rund um die Mietersuche, Schuldzinsen sowie diverse Nebenkosten absetzten. Die meisten Ausgaben rund um die vermietete Immobilie können Sie als Werbungskosten absetzen. Entsteht dadurch ein Verlust, können Sie Ihre Steuerlast deutlich reduzieren. Vor allem Spitzenverdiener nutzen in guten Geschäftsjahren genau diesen Vorteil.

3.1 Finanztipp

Gerade in den ersten Jahren der Investition steckt in einer vermieteten Immobilie erhebliches Steuersparpotenzial.

Im Laufe der Jahre haben auch Vermieter so manche Ausgaben, die dem Eigenheim ähneln. Natürlich muss auch ein fremd genutztes Anwesen in Schuss gehalten werden. Das bedeutet, Sie haben von Wartungs- bis hin zu Renovierungskosten alles zu tragen und können dies nicht auf den Mieter abwälzen. Allerdings dürfen Sie etliche Aufwendungen von der Steuer absetzen. Alles, was Sie an den Handwerker bezahlen oder im Baumarkt kaufen, um die Wohnung bzw. das Haus in einem guten Zustand zu erhalten, ist wichtig. Fahrkosten, Grundsteuer, Aufwendungen für Hausmeister und Co können Sie also steuerlich verwerten.

Sie möchten einen Makler aufsuchen, um sich den passenden Mieter zu suchen? Auch diese Kosten sind absetzbar. Sie dürfen außerdem alle Geldbeschaffungskosten von Ihren Mieteinnahmen abziehen. Das gilt vor allem für Schuldzinsen und Gebühren an die Bank, die Sie zu entrichten haben. Nicht abzusetzen ist hingegen die Tilgungsrate.

3.2 Beispiel

Dieter kauft sich eine Immobilie, die er zur Kapitalanlage vermieten möchte. Dafür muss er jeden Monat 1.000,00 Euro an Darlehensrate an die Bank bezahlen. Diese Rate setzt sich aus Zinsen und Tilgung zusammen. Am Anfang sind ganze 950 Euro der Rate nur Zinsen, während Dieter 50,00 Euro vom Kredit tilgt. Diese 950,00 Euro Zinsrate kann Dieter in jedem Jahr von den Mieteinnahmen abziehen. Zudem können die Abschlusskosten für Fördermittel, den Bausparvertrag und viele Nebenkosten mehr von der Einkommensteuer abgezogen werden. Hier gilt: Je höher Ihr Steuersatz, desto mehr lohnt sich die vermietete Immobilie.

Neben all den Kosten, die Sie für das Objekt zu tragen haben, kommt aber ein ganz entscheidender Vorteil hinzu: Sie können die Immobilie abschreiben. Woher kennen viele Steuersparer genau diesen Aspekt? Wer als Firmeninhaber eine Maschine kauft und diese abschreibt, kann seine Gewinne reduzieren, ohne dass Kosten entstehen.

3.3 Beispiel

Marco unterhält eine kleine Schreinerei und kauft sich eine Maschine für 8.000,00 Euro. Diese darf er auf 4 Jahre gerechnet abschreiben und dadurch die erzielten Einnahmen „fiktiv" reduzieren. Somit nimmt der Wert der Maschine im ersten Jahr auf 6.000,00 Euro (Buchwert) ab. Im Gegenzug entstehen Aufwendungen, die als Abschreibung zu verbuchen sind, von 2.000,00 Euro. Durch den Kauf der Maschine muss Marco also 2.000,00 Euro weniger versteuern als zuvor. Das setzt sich im Laufe der Jahre so fort, ohne dass der Firmeninhaber tatsächlich Geld in die Hand nehmen muss, um zu investieren. Abschreibungen werden immer auf eine bestimmte Anzahl von Jahren vom Staat anerkannt. Sie vermindern immer die Steuerbelastung. Bei einem Steuersatz von 45 % spart Marco also für vier Jahre lang pro Jahr 900,00 Euro!

So ähnlich ist es auch bei der vermieteten Immobilie. Im Gegenzug zum Eigenheim kann eine vermietete Immobilie mit 2 % pro Jahr abgeschrieben werden. Das heißt, dass Sie sich als Kapitalanleger für 50 Jahre ein Steuersparmodell schaffen. In dieser Zeit müssen Sie für die Abschreibung nichts tun und senken dennoch Ihre Einkommensteuerlast. Noch dazu kommen für bestimmte Objekte (zum Beispiel Denkmalschutz) Sonderabschreibungen, für die sich der ein oder andere Kapitalanleger interessiert. Vor Jahren noch konnte Neubau mit höhere Abschreibungssätzen von der Steuer abgesetzt werden. Hier wollte der Staat in einem ganz besonderen Sinne den Neubau fördern.

Beachten Sie:

Mehr denn je sollten Sie immer die Gesetzgebung als Kapitalanleger beachten. Schnell werden steuerliche Gegebenheiten auch für den Vermieter so verändert, dass er unter Umständen größere Summen den Mieteinnahmen gegenrechnen kann.

Nun könnte der Eindruck entstehen, dass rund um die Kapitalanlage eines Objektes alles rosig erscheint. Natürlich gibt es auch für den Vermieter nicht nur Licht-, sondern auch Schattenseiten. Sie müssen wissen: Nicht immer ist es leicht, eine Immobilie in schlechter Lage zu vermieten.

Mehr denn je sollten Sie als Anleger wissen, dass die Mieterträge immer von der Lage abhängen. Studentenstädte oder große Ballungszentren wie Stuttgart, Frankfurt, Hamburg oder München eignen sich meist perfekt, Objekte sehr lukrativ zu vermieten. Sie sollten darauf achten, dass Sie vor allem kleine Anwesen (1-Zimmer-Appartements) großen Wohnanlagen vorziehen. Diese lassen sich oft besser vermieten als große Villen oder Reihenhäuser. Allerdings kommt es bei der richtigen Mietersuche noch auf mehr an, damit Sie Mietnomaden oder permanenten Mieterwechsel vermeiden. Vor allem in kleinen Wohneinheiten mit Studenten könnte es sehr leicht vorkommen, dass Sie 1 bis 2 Mal pro Jahr mit einem Mieterwechsel zu rechnen haben. Das kostet Zeit, Nerven und jede Menge an Aufwand, wenn Sie nicht direkt am Ort wohnen, wo sich die Wohneinheit befindet. In diesem Falle wäre es wiederum sinnvoller, einen Makler zu beauftragen, der Ihnen die Arbeit abnimmt. Wenn man bedenkt, dass Sie diesen noch von Ihrer Steuer absetzen können, ist diese Investition sicher nicht falsch.

Neben dem ggf. häufig stattfindenden Mieterwechsel gibt es noch das, was alle Kapitalanleger unbedingt vermeiden möchten: Leerstand und Mietnomaden. Wenn Sie bedenken, dass Sie vermutlich Ihre Finanzierungskosten rein durch die Mieteinnahmen zu tragen haben, sind Sie auf die monatlichen Mieteinnahmen zwingend angewiesen. Wer hier mit langen leerstehenden Wohnungen zu rechnen hat, geht ein großes Risiko ein. Wie immer zählt in Sachen Immobilie: Was wichtig ist, ist die hervorragende Lage, die solche Situationen vermeidet.

3.4 Mietnomaden – bitte nicht!

Die größten Sorgen haben Vermieter darin, dass sie in ihrer Wohnung Mietnomaden vorfinden. Diese Gesellen möchten niemals die Miete bezahlen und haben von vornherein nicht die Absicht, den entsprechenden Mietzins jemals zu entrichten. Wenn Sie als Vermieter dann die Räumungsklage anstreben, ziehen Mietnomaden Hals über Kopf weiter, ohne die Schulden zu bezahlen. Sie als Vermieter bleiben auf Mahnkosten und ggf. weiteren teuren Mitteln sitzen, die Sie zur Neuvermietung aufwenden müssen. Wer möchte das schon wirklich?

Mittlerweile gibt es Verzeichnisse, die Mietnomaden öffentlich ausweisen. Zudem werben viele Immobilien-Portale damit, dass sie Versicherungen gegen Mietnomaden anbieten – und das für einen geringen Beitrag. Dieser kann sogar noch steuerlich geltend gemacht werden.

3.5 Expertentipp

Bitte lassen Sie sich von solchen Lockangeboten (Versicherungen) nicht zu stark verleiten, Geld auszugeben. Meist möchten öffentlich deklarierte Register einen Kostenbeitrag, damit Sie sich von der Bonität des Mieters ein Bild machen können. Wenn Sie alle Tipps der richtigen Mietersuche beachten, vermeiden Sie Mietnomaden ohnehin. Außerdem suchen diese „bösen Gesellen" vor allem Wohnraum in Gegenden mit hohen Leerstandsquoten. Mit dem gesunden Menschenverstand kann man sich meist sehr gut auf seine innere Stimme verlassen, damit Sie mit Mietnomaden niemals zu tun haben.

Auf den Punkt gebracht:

Mehr denn je suchen Kapitalanleger den Schutz der Sachwertanlage. Sie können damit Steuern sparen und alle Versicherungen rund um Haus- und Grundbesitz und vieles mehr geltend machen. Die Miete deckt mindestens die Kosten für Finanzierung, Wohngeld und Co. Allerdings ist rund um den Mietvertrag hohe Vorsicht geboten. Damit Sie bei der Vermietung alles richtig machen, stelle ich Ihnen im nächsten Kapitel zu diesem Thema wichtige Details vor.

Wenn es ums Geld geht, müssen Sie stets oberste Wachsamkeit gebühren lassen.

„Keine Festung ist so stark, dass Geld sie nicht einnehmen kann"

Zitat von Cicero

4. Die richtige Mietersuche!

Sie verstehen jetzt sicherlich, dass Eigenheim und auch die Vermietung ihren ganz eigenen Charme mit sich bringen. Während Sie beim Eigenheim es selbst in der Hand haben, auf was Sie sich einlassen, ist das bei der Kapitalanlage schon ein wenig anders. Steuersparer müssen darauf achten, dass die Finanzierungskosten gedeckt werden, während die eigene Miete meist weiterläuft. Daher ist es absolut wichtig, bei der Mietersuche auf Nummer sicher zu gehen.

Aus diesem Grunde widme ich diesem Thema ein eigenes Kapitel. Neben der Lage ist beim vermieteten Objekt eines von elementarer Bedeutung: Kaufen Sie sich ein Anwesen, dass Sie verstehen. Sie sollten sich mit der Lage im Vorfeld gut auseinandersetzen. Zudem erweist es sich als großer Vorteil, wenn die Wohnung oder das Haus nicht zu weit von Ihrem Wohnort entfernt liegt. Wer kaum nach dem Rechten sehen kann, wenn es um Mieterwechsel oder Renovierungen geht, ist auf Dauer (unter Umständen) von der Investition überlastet. Vor vielen Jahren haben Investoren (zur Zeit der Wende) die Sonderabschreibungen vom Staat genutzt, um clever Steuern zu sparen. War das wirklich so schlau?

Während es 50 % Sonderabschreibungen im Investitionsjahr gab, die Investoren beim Steuern sparen helfen konnten, standen die Wohnungen in Leipzig, Chemnitz oder Dresden bald leer. Ein Investor aus dem Süden in Deutschland konnte ein Lied davon singen, als er schon Anfang der 90-er Jahre erzählte: „Die Wohnung wurde mir als Steuersparmodell verkauft. Sogar mein Steuerberater hat mir zum Kauf geraten. Allerdings habe ich nur 1 Jahr regelmäßige Mieteinnahmen auf dem Konto gesehen. Die Vermietbarkeit aus weiter Entfernung war sehr schwer, zumal in Dresden schnell viele Wohnungen leer standen. Leider war mir klar: Ich möchte diese Wohnung so schnell wie möglich verkaufen! Sie verursacht nur Ärger!“

Diesem Investor ging es wie vielen zur damaligen Zeit: Er war auf diesen Leerstand nicht vorbereitet. Aus steuerlichen Gründen und aus einer Gier heraus wollte er diese ETW kaufen, um nachhaltig damit seine Ruhe zu haben. Außer Spesen nichts gewesen?

„Gier frisst Hirn" - diese Weisheit gilt immer, wenn es ums Geld geht.

Damit es Ihnen nicht wie vielen Anlegern geht, die sagen:

„Nie mehr investiere ich aus steuerlichen Gründen in eine Wohnung, die in weiter Ferne liegt" stelle ich Ihnen nun vor, worauf es bei der Mietersuche ankommt.

4.1 Den richtigen Mieter finden:

Natürlich können Sie die Mietersuche ausschließlich einem Makler übergeben. Allerdings ist es dessen Job, Ihnen einen solventen Mieter zu verschaffen. Dafür übernimmt er aber meist keine Haftung auf Dauer. Zudem möchten viele Immobilienmakler nur eines: Provisionen kassieren. Deshalb sollten Sie sich unbedingt Zeit dafür nehmen, den richtigen Mieter zu finden. Lieber lassen Sie die Wohnung für einen Monat Leerstehen und sehen sich viele vakante Mieter an, als vorschnell zu entscheiden.

Welche Aspekte sind wichtig, um den richtigen Mieter zu finden?

Um den richtigen Mieter zu finden, bietet sich das Netz an. In Immobilienscout, Immobiliennet und diversen anderen Plattformen können Sie meist sogar gratis inserieren. Achten Sie hierbei auf gute Qualität von Fotos und auf eine vernünftige Wohnungsbeschreibung. Der Lageplan ist ebenso wichtig wie die Aufteilung des Wohnraums. Ein Energiesparausweis muss mittlerweile vorgelegt werden, damit der Mieter weiß: Hier kann ich mit wenigen Nebenkosten rechnen.

Weisen Sie außerdem die Kalt- und Warmmiete sowie weitere Bedingungen aus. Zum Beispiel sind Haustiere nicht immer willkommen oder Raucher nicht gewünscht.

Geben Sie von Anfang an in Ihrem Inserat preis, welche Unterlagen Sie benötigen, damit Sie die Wohnung vermieten. So kann sich der Mieter in Ruhe darauf einstellen, welche Fakten Sie als Kapitalanleger sehen möchten!

4.2 Besichtigungstermine

In Ballungszentren wie München oder Hamburg ist die Nachfrage nach gutem Wohnraum sehr groß. Deshalb werden nicht selten Massen-Besichtigungen genutzt, damit Sie als Vermieter mit wenig Zeiteinsatz viele vakante Mieter gleichzeitig sehen können.

Allerdings sollten Sie in jedem Falle nach der Massen-Besichtigung einzelne Termine mit der in Frage kommenden Personen vereinbaren und im Anschluss durchführen. Nur so können Sie sich ein objektives Urteil bilden.

Schon in der Besichtigung zählt, welchen Eindruck der Mieter hinterlässt, ob er pünktlich ist und alle Unterlagen, die Sie sichten möchten, vorlegen kann.

Meist ist es in Lagen, in denen der Andrang der Mieter nicht so groß ist, besser, sich Zeit für die Besichtigung zu nehmen. Zeigen Sie den gesamten Innen- und Außenbereich sowie Keller und Garage sowie Gemeinschaftsräume oder Waschmöglichkeit. Sind Sie fair und verschweigen Sie keine eventuellen Mängel. Das erspart Ihnen im Nachgang rechtliche Schwierigkeiten. Zudem sind Besichtigungstermine bei Tageslicht besser als bei Dämmerung bzw. Dunkelheit.

4.3 Die Bonität

Wenn Sie Ihre monatliche Miete auf dem Konto sehen möchten, sollten Sie von Anfang an auf die Bonität des Mieters achten. Je mehr Unterlagen Sie sich schon im Vorfeld geben lassen, damit Sie eine Vorauswahl treffen können, desto besser. Es ist in der heutigen Zeit längst üblich, alle Informationen vor dem ersten persönlichen Treffen, per Mail oder anderweitig schriftlich einzufordern. Je besser die Wohnung zu vermieten ist, desto mehr Nachweise können Sie sich einholen. Damit Sie auf Dauer Freude an Ihrem vermieteten Objekt haben, ist es jedenfalls wichtig, die Bonitätsunterlagen genau anzusehen. Lassen Sie diese ggf. von einem Experten überprüfen.

Welche Nachweise sind wichtig?

Es ist längst üblich, neben Personalausweis oder Reisepass sich eine Mieterselbstauskunft einzuholen. Diese muss der Mieter unterschreiben und somit für seine Angaben in vollem Maße geradestehen.

Die Selbstauskunft informiert Sie, wie es um Einkommens- und Vermögenssituation bestellt ist. Daneben können Sie sich objektive Unterlagen wie Einkommensnachweise, Steuererklärungen oder Bescheinigungen vom Arbeitgeber einholen. Beamte und nicht kündbare Personen bieten hierbei mehr Sicherheit als junge Angestellte, die ggf. schnell den Job wechseln.

Auch Rentner sind oft beliebte Mieter, die als krisensicher gelten. Neben den Vermögens- und Einkommensnachweisen können Sie sich eine SCHUFA-Auskunft vorlegen lassen. Diese kann sich jeder im Netz für eine geringe Gebühr selbst einholen. Darin erfahren Sie, ob Schulden, Straftaten oder andere erwähnenswerte Ereignisse das Mietverhältnis beeinflussen könnten.

Bitte zögern Sie nicht, ggf. eigenständig eine SCHUFA einzuholen, wenn Sie dies nicht dem Mieter zumuten möchten. Es gilt: Wer etwas zu verbergen hat, ist sicher nicht der richtige Mieter für Sie!

Außerdem ist es wichtig, sich außerhalb der Unterlagen zu informieren, ob ggf. Familienplanung ansteht oder wie sich die Wohnsituation in Zukunft gestalten könnte.

Junge Mieter verändern öfter die Lebensbedingungen als Menschen ab 40. Diese möchten oft „ankommen" und nicht mehr schnell die Wohnanlage verlassen, während junge Karriere-Menschen andere Pläne haben.

In der Summe sind es die Nachweise und der persönliche Eindruck, die Ihnen die Entscheidung bei der Mietersuche erleichtern werden.

4.4 Extratipp

Manche Vermieter verlangen auch eine Bestätigung vom bisherigen Mieter, dass die Mieten die letzten Jahre immer ordnungsgemäß bezahlt wurden. Zudem kann es sich als Vorteil erweisen, sich anhand von

„Mund-zu-Mund-Propaganda“ zu informieren, welchen Ruf der vakante Mieter hat.

Übrigens:

Alle Formulare rund um Selbstauskunft und Mietvertrag können sich Mieter und Vermieter kostenlos auf renommierten Immobilienportalen herunterladen.

4.5 Der Mietvertrag

Sie haben Ihre Entscheidung getroffen, welcher Mieter in Ihren Wohnräumen das Leben genießen darf?

Das ist der Startschuss, um den Mietvertrag in trockene Tücher zu bringen. Hierbei sollten Sie sich im Vorfeld überlegen, wie hoch der Mietzins, der monatlich zu entrichten ist, liegt.

Daneben sind die Nebenkosten auszuweisen. Halten Sie sich bei der Grundlage für die Mietberechnung an den ortsüblichen Mietzins in Wohnungen ähnlicher Qualität.

Zudem ist die Fälligkeit der Miete, das Konto, auf dem sie eingehen soll und die Höhe der Kaution festzuhalten.

Vereinbaren Sie, für welche Summe der Mieter für Schönheitsreparaturen aufkommen soll, ob Sie Haustiere erlauben und in welchem Zustand die Wohnung bei Auszug übergeben werden muss.

Kennen Sie einen Staffel-Mietvertrag?

Diese sind meist üblich, wenn es um die Vermietung von Gewerbeimmobilien geht. Hier passt sich die Miete zum Beispiel automatisch der gültigen Inflationsrate an. So sparen Sie sich als Vermieter Mieterhöhungen, die Sie nach Gesetzeslage durchsetzen müssen. Im Mietvertrag stehen außerdem die Kündigungsfristen, die es einzuhalten gilt.

Meist ist die Kündigung in schriftlicher Form und ca. drei Monate von dem Auszug per Einschreiben abzugeben.

Mittlerweile suchen viele Vermieter einen Mieter, der länger als nur 1 – 2 Jahre in ihrem Anwesen lebt. Deshalb sind derzeit Mietverträge von maximal 4 Jahren zulässig. Das gilt für den Mieter als Schutz vor Eigenbedarf-Kündigung und sichert auch Sie ab. Sie müssen nicht mit einer vorzeitigen Kündigung rechnen. Allerdings sollten Sie auf die aktuelle Gesetzeslage achten, wenn Sie den Mietvertrag unterzeichnen und gegenzeichnen lassen. Im Zweifelsfall sind die aktuellen Rechtsprechungen oft auf der Seite vom Mieter. Deshalb ist es wichtig, sich an alle gesetzlichen Details zu halten, die im Mietvertrag festzuhalten sind.

4.6 Die Kaution

Was ist üblich, wenn es um die Mietkaution geht?

Die Höhe der Kaution bemisst sich meist bei 2 – 3 Monatsmieten netto. Dieser im Vertrag festgelegten Summe können Sie sich als Vermieter absichern, dass Renovierungen entgegen der Absprachen, Sie als Vermieter bezahlen müssen. Das ist nur beim Auszug relevant.

Sind zum Beispiel Spuren im Parkettboden vorhanden, die über die üblichen Gebrauchsspuren weit hinausreichen, können Sie die Aufbereitung des Parketts von der Mietkaution bezahlen.

Im Grundsatz wird die Kaution auf einem Sparbuch hinterlegt, das der Mieter auf seinen Namen anlegt. Es wird zu Gunsten des Vermieters ein Sperrvermerk angelegt, damit nur im beiderseitigen Einverständnis über die angelegte Summe verfügt werden kann. Ist bei Auszug alles in bestem Zustand, was den Wohnraum anbelangt, wird die Kaution zuzüglich Zinsen an den Mieter zurückbezahlt. Was ist, wenn der Mieter keine Reserven hat, die Kaution in Form von Bargeld zu erbringen? Sie können auch eine Mietbürgschaft verlangen. Diese bietet Ihnen die gleiche Sicherheit wie das Sparbuch. Die Provision für die Bürgschaft ist vom Mieter zu tragen. In der Regel bewahren sowohl Sparbuch als auch die Bürgschaftsurkunde der Vermieter auf. Das sorgt für zusätzliche Sicherheit.

Der persönliche Eindruck

Mit ein wenig Erfahrung wissen Sie schon, welchen Menschen Sie Ihr Vertrauen schenken. Ordentliche Leute verdienen es, Ihren Wohnraum zu beziehen. Lernen Sie die Mieter persönlich kennen. Laden Sie diese im Vorfeld auf einen Kaffee ein und informieren Sie sich auch über das private Umfeld. Was sind die Beweggründe, warum die Mieter umziehen möchten? Machen die Mieter einen soliden Eindruck und achten darauf, wie sich die Kinder verhalten? Ist es möglich, dass bei einem vermieteten Haus zum Beispiel der Garten richtig gepflegt wird? All diese Gegebenheiten (und viele mehr) sind wichtig, damit sich Ihr Eindruck bestätigt: „Ich habe mich für den genau richtigen Mieter entschieden!"

Natürlich müssen Sie mit Ihrem Mieter keine Freundschaft pflegen. Eine Hand wäscht die andere! Ein schönes Mietverhältnis ist in jedem Falle eine Bereicherung für beide Vertragsparteien.

4.7 Wohnungsübergabeprotokoll

Im letzten Schritt, wenn Sie die leerstehende Wohnung vermieten, wird in einem Übergabeprotokoll jedes Detail festgehalten. Hier geht es um Zustand jedes Raumes der Immobilie. Vor allem für den Mieter ist es wichtig, dass hier Gebrauchsspuren in der Küche, leichte Kratzer im Treppenhaus oder der Zustand der Wände und des Kellers genau dokumentiert werden. Somit soll beim Auszug die Wohnung genauso übergeben werden, wie sie übernommen wurde. Gebrauchsspuren sind üblich. Auch für Sie als Vermieter ist das Wohnungsübergabeprotokoll wichtig. Hier wird genau festgehalten, welche Schlüssel Sie überreichen und weitere Details, die im Mietvertrag nicht festgehalten sind.

4.8 Expertentipp

Fotos, die Sie von der Wohnung dem Protokoll beifügen, belegen, wie die Wohnung tatsächlich aussieht. Achten Sie darauf, dass Sie sich Zeit für die Übergabe nehmen. Lassen Sie das Protokoll von allen Anwesenden unterschreiben. Eine schriftliche Ausfertigung erhalten alle Vertragsparteien, um sich gegenseitig abzusichern. Das gilt auch für den Mietvertrag.

Wenn Sie alle aktuellen Möglichkeiten der Mietersuche beherzigen, liegen einem dauerhaften, guten Mietverhältnis keine Steine mehr im Weg. Natürlich gibt es niemals einen Garantieschein. Ein plötzlicher Auszug des Mieters sollte Sie nicht aus der Fassung bringen. Ein Anwesen, dass gepflegt ist und mit sinnvollen Instandhaltungen dem aktuellen Standard entspricht, lässt sich in vernünftiger Lage immer vermieten.

Schon jetzt wünsche ich jedem Kapitalanleger: Viel Freude und Erfolg bei der richtigen Mietersuche!

Übrigens:

Sie investieren in Neubau und sind mit der Erstvermietung etwas überfordert? Viele Bauträger helfen Ihnen bei der Mietersuche. Zudem sprechen sie eine Mietgarantie von ca. 5 Jahren aus, was Ihnen die Entscheidung zum Kauf von Eigenheim erleichtern soll. Nehmen Sie dieses Angebot ruhig an. Es kostet Sie meist nichts und stellt einen besonderen Service des Bauträgers dar. Was kann Ihnen schon dabei passieren, wenn Sie für die nächsten 5 Jahre Ihre Miete regelmäßig auf dem Konto sehen?

Achten Sie darauf, dass es Ihnen nicht so ergeht, wie es Charles Dickens in seinem Zitat besagt.

„Jährliches Einkommen zwanzig Pfund, jährliche Ausgaben 19.96 Pfund, Ergebnis Glück. Jährliches Einkommen zwanzig Pfund, jährliche Ausgaben 20.06 Pfund, Ergebnis Elend."

5. Die Immobilie als Altersvorsorge

Aufgrund dieser zahlreichen Vor- und Nachteile der eigengenutzten Immobilie und der Kapitalanlage wissen Sie: Die Sachwertanlage Nummer 1 ist mehr als lukrativ.

Deshalb befürworten viele Anleger die Immobilie auch als Altersvorsorge. Mehr denn je sollten Sie als Arbeiter oder Angestellter wissen: Ihre Rente ist alles andere als sicher! Schaffen Sie sich Ihr eigenes Standbein, dass Sie die schönste Jahreszeit Ihres Lebens genießen können.

Nachdem Sie Ihr Arbeitsleben beendet haben, sind Sie vermutlich noch fit genug, um schöne Reisen, wunderschöne Ausflüge und viele Aktivitäten zu unternehmen. Doch was ist, wenn Sie zwar viel Zeit aber kein Geld haben?

Lassen Sie es nicht soweit kommen! Gerade dann, wenn Ihre Kinder auf eigenen Beinen stehen und Sie noch längst nicht zum alten Eisen gehören, zählt: Vermögen ist wichtig!

Doch ist das Eigenheim wirklich die richtige Altersvorsorge?

Schließlich wohnen Sie meist im eigenen Haus und können von diesem Vermögen nichts entnehmen. Wohnraum kostet Geld. Im Alter kommt dazu, dass Sie vielleicht alle Renovierungen nicht selbst verrichten können, die dennoch anstehen. Worin also besteht der Vorteil des eigenen Häuschens oder der Wohnung?

Der größte Mehrwert in Sachen Altersvorsorge liegt darin, dass Sie meist im Alter Ihre Schulden zurückbezahlt haben. Der durchschnittliche Deutsche kauft sich im Alter von ca. 30 – 35 Jahren ein eigenes Häuschen oder die ETW. Hier verschuldet er sich. Wenn Sie zum Beispiel 200.000 Euro aufnehmen, bezahlen Sie pro Monat 500 Euro zurück. (Ein Zinssatz von 1 % sowie 2 % Tilgung sind unterstellt.)

Zu dieser Ausgabe kommen noch die Nebenkosten fürs Haus dazu wie Wasser, Strom, Schornsteinfeger und Co. Meist möchte ein fleißiger Deutscher seine Schulden so schnell es geht zurückzahlen. Bei einem

„normalen Annuitätendarlehen“ tilgen Sie für ca. 32 Jahren Ihren Baukredit. Dann sind Sie schuldenfrei. Das heißt im Alter: Sie haben, außer der Haus-Nebenkosten, keinerlei monatlichen Aufwendungen mehr zu leisten. Die Miete hingegen entfällt nie. Die ersparte Rate für den Kredit stellt somit ein lukratives „Zusatzeinkommen“ dar. Das ist eine Art von Rente, die Sie sich selbst erspart haben. Zudem muss dieses fiktive Einkommen nicht versteuert werden, was bei der üblichen Altersrente nicht der Fall ist.

Was ist, wenn Sie diese Immobilie nicht mehr selbst unterhalten können?

Natürlich haben viele Menschen mit Eigenheim die Sorge, dass Ihnen die Haus- und Gartenarbeit zu viel werden könnte. Auch die Wohnung, die schon 30 Jahre bewohnt wird, muss gepflegt, renoviert und in Schuss gehalten werden. Allerdings sollten Sie sich aus diesem Grunde nicht vor Eigenheim im Alter scheuen. Vermutlich halten Sie Haus und Garten fit. Außerdem gibt es für jede Art von Tätigkeiten Hilfe. Wer fährt von der Familie nicht gern zu den Eltern ins alt bekannte Wohnhaus? Sie sehen: Es gibt viele Gründe, die für den Kauf von Eigenheim als besondere Form der Altersvorsorge sprechen. Fest steht allemal: Sie können mit Ihrer prognostizierten Rente meist nicht gut und befreit leben. Deshalb ist es mehr denn je entscheidend, dass Sie so bald wie möglich für Ihre Zukunft vorsorgen.

Nebenbei sind die Wertsteigerungen bei Objekten in guten Lagen nicht von der Hand zu weisen. Sollten Sie also Ihr Anwesen irgendwann einmal veräußern, stehen die Chancen auf steuerfreie Wertsteigerungen mehr als gut.

5.1 Kapitalanlage eine Form der Altersvorsorge?

Jetzt könnten Sie sich fragen, ob nur der Eigenheimbesitzer auf die Immobilie als Zusatzrente vertrauen soll. Beim Investor, der aus steuerlichen Gründen ein Objekt kauft, sieht die Rechnung noch einfacher aus: Hier zählt: Die Mieteinnahme, die zusätzlich zur Rente erzielt wird, ist ein wunderbares Zubrot. Wenn Sie die Schulden nach ca. 25 – 30 Jahren getilgt haben, müssen Sie die Darlehensrate nicht mehr gegen die Miete gegenrechnen. Der Mietzins ist zwar nicht steuerfrei, dennoch stellt er eine lukrative Einnahmequelle dar, die auf Dauer ausgerichtet ist.

Der erhebliche Vorteil, fürs Alter mit Hilfe einer soliden Sachwertanlage wie der Immobilie vorzusorgen, liegt auf der Hand. Genau aus diesem Grund ist Haus- und Grundbesitz ein sinnvoller Inflationsschutz. Dieser ist auf Jahrzehnte ausgelegt. Wie es in Sachen Wirtschaft und Geld auf lange Sicht aussieht, steht in den Sternen. Fest steht: Sachwerte gelten als krisensicher!

„Ehrlichkeit ist die beste Politik – wenn es Geld dafür gibt"

Zitat von Mark Twain

Natürlich sind unsere Renten nicht sicher, wie es vor vielen Jahren ein Minister einmal behauptete. Wenn man sich alleine überlegt, dass auf immer mehr Rentner immer weniger Beitragszahler treffen, ist die Angst um die eigene Rente mehr als begründet. Bricht unsere soziale Absicherung einmal völlig zusammen? Natürlich geht es nicht darum, etwas zu dramatisieren, was noch nicht stattfindet. Dennoch sagen seit vielen Jahren zahlreiche Banken und Versicherungen: „Wer nicht ca. 5 – 10 % von seinem monatlichen Nettoeinkommen fürs Alter beiseitelegt, geht ein großes Risiko ein."

Wie Sie das Blatt auch drehen und wenden: Es gibt viel zu tun, wenn Sie im Alter nicht in Armut enden möchten. Die Immobilie ist eine solide Grundlage dazu. Genau deshalb ist Haus- und Grundbesitz mehr denn je gefragt. Das lässt die Preise zusätzlich steigen. Egal, ob Jung, ob Alt, ob Frau oder Mann oder Single oder Familienmensch: Nehmen Sie Ihr Schicksal selbst in die Hand. Wenn Sie im Alter Ihre Finanzen gut abgesichert haben, zeigen Sie, wie intelligent Sie denken.

5.2 Rententipp

Vermutlich könnte die Frage entstehen: „Reicht es denn aus, wenn ich mit der Immobilie fürs Alter vorsorge?"

Diese spannende Frage kann ich Ihnen nicht pauschal beantworten. Dabei kommt es auf Ihren Lebensstandard, auf den Standort der Immobilie, auf Ihre Rente und vieles mehr an. In guten Tools im Netz können Sie errechnen, wie hoch Ihre Altersvorsorge ausfällt. Dazu kommt die ersparte Miete und vielleicht die ein oder andere Lebensversicherung. Im Zweifelsfall dürfen Sie den Rentenberater aufsuchen, der Sie objektiv berät.

Natürlich gelten diese Tipps nicht nur für Arbeiter und Angestellte. Auch Freiberufler und alle Selbständigen sollten mehr denn je auf Ihre Altersvorsorge achten. Diese Personengruppen müssen noch mehr auf Ihre eigene Zukunft achten, als wenn die gesetzliche Rente ausbezahlt wird. Die Immobilie stellt vor allem für Selbständige eine solide Rentenvorsorge dar.

6. Aufbau einer guten Finanzierung

„Eine Bank ist ein Ort, wo man Ihnen bei schönem Wetter einen Regenschirm leiht und ihn bei Regenwetter zurückverlangt."

Zitat von Robert Frost

Kennen Sie die klugen Sprüche, die viele von ihren Großeltern gelernt haben?

„Schulden nimmt man im Leben nur für ein Haus oder eine Wohnung auf" oder „Das Konto überziehst Du bitte nicht! Es lohnt sich allenfalls Schulden zu machen, wenn Du eine Immobilie kaufst!"

Was ist dran an diesen Weisheiten? Liegt darin gar der Wahrheit letzter Schluss? Gilt es nicht als modern und zeitgemäß, gerade jetzt, bei niedrigen Zinsen, den Schuldschein zu unterschreiben?

Natürlich wird hier nicht geurteilt, wofür es sich lohnt, bei der Bank Geld zu leihen. Fest steht aber, dass ein Immobilienkredit ein Darlehen mit einem mehr als realen Gegenwert ist. Wer sich verschuldet, sollte auch wissen, was er damit finanziert. Während Konsumschulden oder der Kredit für den Urlaub oft schnell verpuffen, ist die Schuldenaufnahme für Haus- und Grundbesitz etwas ganz Anderes. Hier wissen Sie auf Dauer, was Sie haben! Zudem ist der Kredit, dem ein eigenes Anwesen gegenübersteht, mit das billigste Darlehen, das man sich überhaupt bei der Bank borgen kann.

Allerdings ist auch die Finanzierung einer Immobilie eine Entscheidung fürs Leben, die Sie genau überdenken sollten.

6.1 Welche Grundsatzregel gilt für jede Finanzierung?

Idealerweise müssen Sie alle Nebenkosten rund um das eigene Objekt aus Eigenmitteln tragen. Ebenso raten viele Banken davon ab, die komplette Summe des Gegenwerts als Kredit aufzunehmen. Es geht sogar noch weiter: Das gesunde Fundament der Finanzierung sieht wie folgt aus:

1. 1/3 des Kaufpreises besteht aus Eigenmitteln
2. 1/3 des Kaufpreises können Sie in Form von günstigen Fördermitteln von KfW oder Verwandtschaftsdarlehen aufnehmen
3. 1/3 des Kaufpreises erhalten Sie von einer Bank in Form eines Darlehens

Natürlich ist dies nur ein grober Richtwert, der eine solide Finanzierung ausmacht.

Es sind, je nach Einkommenssituation, viele Modelle zulässig. Allerdings sollten Sie stets darauf achten, dass Sie sich niemals zu hoch in Schulden stürzen. Die niedrigen Zinsen, die seit Jahren am europäischen Zinsmarkt vorherrschen, locken viele Anleger, verstärkt Darlehen aufzunehmen. Jeder Kredit muss aber zurückbezahlt werden. Die Zins- und Tilgungsrate wird meist in einem Annuitätendarlehen monatlich getilgt. Es gibt aber auch viertel- oder halbjährliche bzw. sogar jährliche Zahlungsmodelle.

Die Rate bleibt für die Dauer der Zinsfestschreibung stets gleich, während sich der Zins- und Tilgungsanteil jeden Monat verschiebt. Wenn Sie also mit 1 % anfänglicher Tilgung rechnen, müssen Sie keinesfalls die Schulden für 100 Jahre zurückbezahlen. Schnell wird der Tilgungsanteil erhöht, weil Sie jeden Monat ein wenig von Ihren Schulden zurückbezahlt haben. Dadurch fallen weniger Zinsen an. Den genauen Tilgungsverlauf eines Annuitätendarlehens können Sie anhand zahlreicher Tools im Internet errechnen. In einfachen Kurven sehen Sie, wie Sie am Schluss immer mehr von Ihrem Kredit an die Bank zurückbezahlen.

Beispiel

Paul nimmt ein Darlehen in Höhe von 100.000,00 Euro auf.

Er bezahlt 2 % Tilgung und 1 % Zins. Demnach errechnet sich die jährlich zu erbringenden Leistungen von 3.000,00 Euro in monatlichen Raten von 250,00 Euro.

Die Zinsen sind für 10 Jahre festgeschrieben. In dieser Zeit wird sich an den Raten nichts verändern. Am Ende des ersten Jahres nach der Schuldenaufnahme sind jedoch nur noch 98.000,00 Euro als Schuld saldiert, da schon 2.000,00 Euro getilgt wurden.

Aus den 98.000,00 Euro entsteht eine Zinslast von 980,00 Euro pro Jahr (im Vorjahr waren es noch 1.000,00 Euro). Nachdem der Kredit dennoch mit 3.000,00 Euro pro Jahr (monatliche Rate von 250,00 Euro) bedient wird, wird nach und nach die Tilgung immer mehr erhöht. Deshalb zählt bei jedem Annuitätendarlehen:

Die Zinslast ist zu Beginn groß, während Sie am Schluss Ihre Rate fast vollkommen für die Tilgung aufbringen.

Für den Endkunden spielt das keine Rolle. Der Kapitalanleger sollte aber wissen: Beim Annuitätendarlehen ist der Steuerspareffekt nur am Anfang groß. Deshalb legen Steuerspar-Füchse besonders großen Wert darauf, nicht zu viel von Ihren Schulden zu tilgen. Andere Darlehensformen wie ein Festdarlehen sorgen für den Effekt der maximalen, steuerlichen Absetzbarkeit. Hier werden über viele Jahren hinweg Steuern gespart. Die Tilgung eines festen Darlehensbetrages erfolgt anhand eines Sparvertrages. Die angesparte Summe zahlt am Ende der Kreditlaufzeit in einem Betrag die Schulden zurück. Viele Steuerberater empfehlen gerade bei vermieteten Objekten deshalb kein Annuitäten-, sondern ein Festdarlehen.

Letztendlich ist es Ihnen selbst überlassen, wie hoch Sie sich verschulden. Trotzdem sind zu hohe Darlehensbeträge, die an die Vollfinanzierung des Kaufpreises angrenzen, im Grundsatz nicht zu empfehlen.

6.2 Dauer der Zinsfestschreibung

Schon sehr lange wird von der Niedrigzinsphase gesprochen. Niedrige Zinsen locken den Darlehensnehmer. Wie lange sollte man sich die guten Zinsen sichern und was passiert nach der Zinsfestschreibung?

Die Zinsfestschreibung sagt letztendlich aus, dass Sie sich die Zinsen für eine gewisse Dauer sichern. Egal, wie sich die Zinsen am Markt auch entwickeln: Ihr Betrag für die Tilgung und Zins bleibt gleich. Es gilt als hieb- und stichfest, was Sie bei Darlehensunterzeichnung vereinbart haben.

Die aktuellen Zinsen

Können die niedrigen Zinsen noch weiter fallen? Was ist, wenn Kredite irgendwann teurer werden? Fest steht: Wenn Sie zu heutigen Zinsen einen Darlehensvertrag unterschreiben, sollten Sie sich die Zinsen möglichst lange sichern.

Ohnehin gibt es im Jahre 2020 Bauzinsen von unter 1 %. Vor noch ca. 10 Jahren war Baugeld noch mit 4 % oder 5 % vier oder fünfmal so teuer. Es gilt mehr denn je: Sichern Sie sich die günstigen Zinsen so lange wie möglich! Eine Zinsfestschreibung von 10 Jahren von bis zu 20 Jahren ist durchaus üblich. Für diese lange Dauer haben Sie eine feste Kalkulationsbasis, anhand der Sie rechnen können. Was passiert nach der Zeit der Zinsbindung?

Sie müssen dann ggf. mit einer deutlich höheren Rate als jetzt rechnen. Die Chancen, dass die Zinsen innerhalb einer langfristigen Periode ansteigen werden, liegen recht hoch. Allerdings ist nichts sicher, was man über den Zins- und Kapitalmarkt heute verkündet.

Damit Sie das Zinsänderungsrisiko genau abschätzen können, schildere ich Ihnen ein Beispiel aus der Praxis:

Die Eheleute Schmitt nehmen ein Darlehen von 200.000,00 Euro zu 1 % Zins und 1 % Tilgung auf. Die günstigen Zinsen lassen sie sich für 15 Jahre lang festschreiben. Sie bezahlen eine gleichbleibende monatliche Annuität (Rate) von 333,33 (4.000,00 Euro pro Jahr). Nach 15 Jahren wird der Vertrag völlig neu ausgehandelt. Der Einfachheit halber gehen wir davon aus, dass noch 100.000,00 Euro Restschulden ausstehen. Der Zinssatz beträgt allerdings jetzt 6 %, wenn er längere Zeit festgeschrieben wird. Außerdem wird die Tilgung ebenso mit 1 % pro Jahr (ausgehend von der Restschuld) veranschlagt. Es entsteht eine jährlich aufzubringende Rate von 7.000,00 Euro. Das heißt, dass nach 15 Jahren aufgrund der veränderten Zinssituation am Markt 583,33 Euro monatlich zu bezahlen sind. Schnell sieht man, wie die Rate fast verdoppelt wird. Deshalb sollten Sie das Zinsänderungsrisiko stets mit einrechnen.

6.3 Expertentipp

Vor allem jetzt, wenn die Zinsen günstig wie nie sind, müssen Sie sehr genau rechnen. Wenn Sie große Darlehenssummen aufnehmen, ist das Zinsänderungsrisiko ein wichtiger Faktor. Schnell kann es dann, wenn die Darlehenslast zu groß wird, zur Zwangsversteigerung kommen. Die Bank hat dann das Recht auf die Immobilie, weil Sie sich ggf. die Rate für den Kredit nicht mehr leisten können. Wer hier draufzahlt, ist der Kunde! Seriöse Banker weisen Sie von sich aus auf das Zinsänderungsrisiko hin.

6.4 Darlehensabsicherung einer Immobilie

Eine Bank leiht Ihnen natürlich nicht ohne Grund so viel Geld. Die Grundschuld ist die Sicherheit für die Baufinanzierung. Definitiv die beste Sicherheit überhaupt, die Sie der Bank liefern können. Wenn Sie Ihr Girokonto überziehen, ist dieses Darlehen hingegen blanko (ohne Sicherheiten). Deshalb liegt der Dispozins meist bei 10 %, während der Bauzins nicht mal 1 % ausmacht.

Bei Haus- und Grundbesitz haftet das ganze Anwesen für die Schulden. Die sogenannte Grundschuldabsicherung hat die Hypothek längst schon abgelöst. Eine Grundschuld ist abstrakt, das heißt, sie wird unabhängig von der Darlehensschuld betrachtet. Die Hypothek hingegen ist mit dem Kredit unmittelbar verknüpft. Sie gilt deshalb als akzessorisch. Der Vorteil einer Grundschuld besteht darin, dass Sie für spätere Schulden (zum Beispiel Instandhaltung) dann, wenn das Hauptdarlehen längst schon getilgt ist, wiederaufleben kann. Eine Grundschuldeintragung ist eine flexible Option. Sie lebt einfach auf, wenn Sie spätere Darlehen aufnehmen. Sie kann beispielsweise als Sicherheit für Schulden Ihrer Kinder dienen.

Eine Grundschuld wird in Abteilung III des Grundbuches eingetragen. Hier kann jeder Einsicht nehmen, der rund um die Immobilie berechtigtes

Interesse nachweist. Mit Hilfe von dieser Kreditsicherheit hat die Bank das Recht dazu, die Zwangsversteigerung einzuleiten. Sollte es zu rückständigen Raten auf Dauer kommen, kann der Kreditgeber Haus- und Grundbesitz verkaufen und die Restschulden damit begleichen. Dass in diesem Zwangsfalle nicht immer ein guter Preis für den Verkäufer erzielt wird, liegt auf der Hand.

6.5 Immobilientipp

Wenn Sie eine Immobilie kaufen, lassen Sie dieses Geschäft notariell beurkunden. Wer sich im Vorfeld über eine Finanzierung informiert, kann die Grundschuldbestellung in diesem Zuge gleich mit beantragen. So geht der Kreditnehmer einmalig zum Notar, was Zeit spart. Die Kosten für diese Dienstleistungen können Sie in einer öffentlichen Tabelle recherchieren.

6.6 Online- vs. Filialbank

Wenn Sie sich für einen Kredit entscheiden, gilt es so einige Dinge zu beachten. Natürlich können Sie sich das meiste Wissen selbst aneignen. Allerdings ist eine gute Filialbank auch am Wohl des Kunden interessiert. Bedenken Sie, dass ein Immobilienkredit Sie nachhaltig glücklich machen soll. Wenn sich Ihre persönlichen oder finanziellen Verhältnisse die nächsten 15 oder 20 Jahre verändern, ist es vielleicht gut, mit einem Berater über die Finanzierung zu sprechen. Wer möchte dann schon alles online regeln?

Natürlich darf jeder einen Baukredit mittlerweile auch im Netz abschließen. Allerdings sollten Sie dann wissen, dass Sie meist nur an eine Bank vermittelt werden. Tools im Internet helfen allerdings, sich einen genauen Finanzierungsplan errechnen zu lassen. Wer sich bei Interhyp oder anderen Vergleichsrechner eine solide Onlinebank zuweisen lassen möchte, liegt im Trend der Zeit. Sie entscheiden selbst: Ist Ihnen der persönliche Berater oder zumindest eine fachkundige Auskunft am Telefon wichtig? Wer jedoch gerne im Netz unterwegs ist und ohnehin nur sich selbst und seinen Recherchen vertraut, kann beim Onlinekredit Geld sparen. Schließlich verdient die Bank vor allem an Einem: An den Provisionen, die Sie als Kunde bezahlen. Davon werden viele Berater und der Unterhalt von Filialen bezahlt.

6.7 Welche Fördermittel gibt es?

Neben dem Bankkredit gilt es vor der Unterschrift des Darlehens noch einen wichtigen Aspekt, den Sie kennen müssen: Mittlerweile gibt es viele Förderungen für besonders billige Darlehen. Diese belohnen Sie für Energiesparmaßnahmen oder Ökomodelle. Manchmal erhalten Sie sogar nicht rückzahlbare Zuschüsse. Hier nehmen Sie Subventionen mit, die Sie sich nicht entgehen lassen dürfen. Dieser Mehrwert ist Gold wert! Egal, ob Solardach, oder andere, besondere Bauvorhaben: Informieren Sie sich bei der KfW (Kreditanstalt für Wiederaufbau) und ähnlichen Trägern, welche Möglichkeiten Sie in Anspruch nehmen können. Es gibt zahlreiche Methoden, wie Sie schlau finanzieren können.

Übrigens:

Ein ehrlicher Bankberater weist Sie von sich aus darauf hin, welche Fördermöglichkeiten Sie in Anspruch nehmen dürfen. Meist verdient die Bank bei der reinen Vermittlung dieses Darlehens nur eine geringe Provision. Es zeigt also Charakter und den Gedanken an das wahre Wohl des Kunden, wenn der Banker Ihnen den Fördertipp gibt. Sie können sich jedoch auf dem Portal der KfW über alles informieren. Sagen Sie zum Finanzierungsberater, dass Ihnen die KfW-Programme wichtig sind.

Vermutlich gibt es auch andere Subventionen von Stadt, Gemeinde und Co rund ums Bauland.

6.8 Verwandtschaftsdarlehen?

Nicht selten möchten Eltern, die Großeltern oder andere, nahestehende Verwandte mit einem zinslosen Darlehen helfen. Natürlich sind auch Schenkungen, gerade für den sinnvollen Kauf einer Immobilie, mehr als willkommen. Sollten Sie sich mit einem Kredit von Verwandten Geld borgen, ist ein Punkt von zentraler Bedeutung: Machen Sie einen privaten Darlehensvertrag. Selbst unter den Mitgliedern der Familie ist es enorm wichtig, beim Thema Geld alle Angelegenheiten formal zu regeln.

Einen privaten, einfachen Kreditvertrag können Sie im Netz gratis downloaden. Sie sollten alle wichtigen Fakten, die im Vertrag vorgesehen sind, einbauen. Ob Sie sich von Verwandten zinsloses Geld borgen möchten, bleibt Ihnen überlassen. Sollte man sogar Zinsen vereinbaren, wenn man Geld von Angehörigen leiht? Sicherlich muss ein Geldgeber den geborgten Betrag nicht ohne Vorteil für sich selbst ausleihen. Deshalb ist es durchaus üblich, Verwandtschaftsdarlehen mit einem üblichen Zins auszustatten. Vor allem Kapitalanleger können den Zins steuerlich geltend machen. Allerdings ist in diesem Falle zu beachten, dass der Kreditgeber den Zinsbetrag ebenso in der Steuererklärung als Einnahme deklariert.

6.9 Welche Kredit-Nebenkosten können entstehen?

Nebenkosten für einen Baukredit sind durchaus üblich. Hier sollten Sie immer ganz genau rechnen. Egal, ob Schätzgebühren, Provisionen für die Bereithaltung des Darlehens (Bereitstellungszinsen), Bearbeitungsgebühren oder eine Nichtabnahme-Entschädigung: Die Banken haben zahlreiche Ideen, versteckte Kosten in die Darlehensverträge mit einzubauen. Natürlich ist grundsätzlich dagegen nichts einzuwenden. Dennoch sollten Sie jede Gebühr hinterfragen. Viele der Preise entstehen nur optional, wenn bestimmte Situationen eintreffen. So sind zum Beispiel Bereitstellungszinsen nur dann relevant, wenn Sie ein Bauvorhaben planen, das sich über mehrere Bauabschnitte über einen längeren Zeitraum hinwegzieht. Je später Sie eine Teilsumme abrufen, desto mehr Kosten können ggf. entstehen. Eine mehr als übliche Gebühr ist das sogenannte Vorfälligkeitsentgelt. Dieser Preis entsteht vor allem dann, wenn Sie Ihr Darlehen vorzeitig zurückbezahlen. Auch wenn Sie unerlaubte Sondertilgungen leisten, entsteht diese Gebühr.

Spartipp:

Niedrigen Zinsen sind Fluch und Segen zugleich. Deshalb sollten Sie Sondertilgungen von Anfang an vertraglich regeln. Berücksichtigen Sie zum Beispiel Schenkungen in der Zukunft oder Tantieme, die zur Schuldentilgung dienen sollen.

Egal, welche Kosten die Banken auch zusätzlich in ihre Verträge mit einbauen: Sehen Sie genau hin. Ein Darlehensvertrag ist eine wichtige Angelegenheit. Wer einmal unterschreibt, haftet mit allen Konsequenzen dafür.

6.10 Expertentipp

Sie können vor der Unterschrift gerne mit Ihrem Steuerberater über den Vertrag sprechen. Seriöse Banken lassen es zu, dass Sie den Vertrag mit nach Hause nehmen und ggf. von einem Berater oder Anwalt überprüfen lassen. Bei Sparkassen oder Banken, die jeder kennt, ist das zwar nicht zwingend notwendig, doch in manchen Fällen ein To Do. Zudem ist der effektive Jahreszins dafür entscheidend, was unterm Strich für Sie zu zahlen ist. Der effektive Zins liegt in der Regel immer etwas über dem Nominalzins. Beachten Sie aber, dass Kosten, die in jedem Falle entstehen, in dem Effektivzins enthalten sind. Auch Schätzgebühren, die ggf. separat abgerechnet werden, sind nicht unbedingt im Effektivzins enthalten. Verhandeln Sie also immer mit Ihrer Bank. Holen Sie sich diverse Vergleichsangebote ein. Bleiben Sie fair. Ein Kreditvertrag, der einmal unterschrieben ist, kann nach der Widerspruchsfrist nicht mehr rückgängig gemacht werden.

Nun haben Sie die wichtigsten Details rund um die Finanzierung erfahren. Es lohnt sich immer, sich schon vor dem Vorhaben für alle Unterlagen, einen Ordner anzulegen. Das hilft Ihnen in der Zukunft. Vor allem, wenn es um die Steuer geht, sind die Originalunterlagen einer Bank wichtig. Dazu gehören Zinsbescheinigungen, Nachweise der Notarkosten und vieles mehr.

Zu guter Letzt gehört ein wenig Glück dazu, zur richtigen Zeit die richtige Immobilie zu kaufen. Auch die Zinsen erwischt man nicht immer genau so, wie es optimal wäre. Trotzdem rate ich Ihnen, irgendwann Entscheidungen zu treffen. Es ist bei Immobilien wie mit dem Depot und rund um die Börse: Handeln Sie! Zu zögerliche Handlungen bringt die Menschen auch nicht weiter im Leben. Zudem lernen wir nur aus Fehlern, wenn man diese auch macht. Wer mit dem Verstand alle Gegebenheiten berücksichtigt, die rund um Haus- und Grundbesitz wichtig sind, liegt sicher nicht falsch. Nehmen Sie sich Zeit, bewusste Entscheidungen zu treffen. Sprechen Sie mit Ihrer Familie darüber. Stehen Sie zu Ihrem Vorhaben. Nach dem Kauf sollten Sie nicht mehr alle Preise von Objekten bzw. die Zinsen am Markt vergleichen. Das macht den Investor nur innerlich verrückt.

„Sie fragen, wie man zu solch einem großen Vermögen kommt? Man muss einfach Glück haben!“

Zitat von Voltaire

7. Bausparvertrag?

„Bausparen! Wie dieses Wort schon klingt!"

Diesen Satz hört man viele junge Menschen sagen, die dieses alt bewährte Produkt kaum kennen.

In der Tat könnte man annehmen, dass ein Bausparvertrag beim Kauf einer Immobilie wahre Wunder bewirken kann. Er soll angeblich günstige Zinsen beinhalten und dabei helfen, dass der Kreditnehmer sogar staatliche Förderungen in Anspruch nehmen kann. Was ist dran an dieser Wahrheit? Wie funktioniert ein Bausparen überhaupt? Sollte man ihn abschließen, wenn man in ein paar Jahren einen Immobilienkauf oder eine Renovierung plant?

Jetzt gehe ich der Sache auf den Grund. Das Prinzip des Bausparens betrifft eine Gemeinschaft.

Der Sparer schließt einen Vertrag in einer bestimmten Höhe ab. Von dieser Summe bezahlt er ca. 40 % oder 50 % in Form von Sparraten oder einmaligen Zahlungen ein.

Ist das Sparziel erreicht, muss der Vertrag zugeteilt werden. Hier wird mit bestimmten Bewertungszahlen gearbeitet, die erreicht werden müssen. Nur dann wird der Vertrag reif zur Auszahlung. Man spricht von der Zuteilung des Bausparers.

Während dieser Sparphase werden geringe Subventionen (vor allem für Geringverdiener) bezahlt. Das heißt, dass Azubis oder Personen mit einem Teilzeitjob ihre vermögenswirksamen Leistungen mit der gewährten Sparzulage ansparen können. Die Bausparkassen werben außerdem mit der Wohnungsbauprämie, die einmal pro Jahr vom Staat einbezahlt wird. In der Summe sollten Sie eines wissen: Diese Subventionen liegen in einem sehr geringen Bereich von meist nur 100,00 Euro jährlich.

Zudem erhält nur eine kleine Anzahl von Personen diese Förderungen.

Ist der Bausparvertrag nach einer bestimmten Laufzeit, zum Beispiel nach 7 Jahren, zuteilungsreif, wird das einbezahlte Guthaben ausgezahlt. Zudem kann optional ein Darlehen aufgenommen werden. Der Kunde kann sein Guthaben frei für Reisen oder den Autokauf verwenden, während das Darlehen nur für den Zweck einer Immobilie verwendet werden darf. Auch Modernisierungen oder Renovierungen können mit Hilfe dieses günstigen Darlehens finanziert werden. Die Zinsen liegen meist deutlich unter den üblichen Zinsen, die am Markt für Baukredite gewährt werden. Vor Jahren zum Beispiel lag der Baukredit bei einem Zinssatz von 5 % oder 6 %. Demgegenüber stand der Zins des Bausparvertrages bei nur 2% oder 2,5 %. Somit galt vor Jahren noch die These: „Bausparen lohnt sich wirklich! Hier bekomme ich günstiges Baugeld, dass ich für verschiedene wohnwirtschaftliche Zwecke verwenden kann."

Es gibt noch einen weiteren Vorteil beim Bausparen: Sie können während der Darlehensphase beliebig Sondertilgungen leisten. Egal, ob unerwartete Erbschaft oder eine schöne Bonuszahlung: Das Bauspardarlehen dürfen Sie ohne Ankündigung in einer Summe tilgen. Das ist vielen flexiblen Immobilienbesitzern wichtig.

Ein Beispiel, woran Sie erkennen, wie Bausparen genau funktioniert:

Pia und Max schließen als Ehepaar einen Bausparvertrag ab. Die Vertragssumme beläuft sich auf 100.000,00 Euro. Von dieser Summe muss das Ehepaar 40.000,00 Euro im Laufe der Zeit selbst einbezahlen. Damit der Vertrag bald zur Zuteilung kommt, wird eine Sparrate von 400,00 Euro pro Monat veranschlagt. Das Guthaben wird mit üblichen Zinsen verzinst. Pia und Max erhalten keine staatlichen Förderungen, da sie mit ihrem durchschnittlichen Einkommen weit über der Grenze liegen. Zudem erwartet Pia eine Schenkung ihrer Eltern in Höhe von 5.000,00 Euro. Diese Summe bezahlt Pia einmalig in den Vertrag. Wenn der Bausparer zur Zuteilung kommt, wird in Höhe von 60.000,00 Euro ein Baukredit gewährt. Der Zinssatz dafür liegt bei nur 0,3 %. Die 40.000,00 Euro werden zusätzlich im Falle eines Bauvorhabens für den Immobilienkauf verwendet. Die Bausparkasse trägt zur Absicherung 60.000,00 Euro Grundschuld für das ausgereichte Darlehen im Grundbuch ein. Der Kredit wird mit einer Rate von 600,00 Euro pro Monat meist schneller zurückbezahlt als ein üblicher Baukredit der Bank. Demnach läuft das Bauspardarlehen meist nur ca. 10 – 15 Jahre. Einmalig müssen Pia und Max eine Abschlussgebühr in Höhe von 1.000,00 Euro in den Vertrag einbezahlen. Wie so oft liegen die Abschlusskosten bei ca. 1 % der Bausparsumme.

Nun wissen Sie, wie ein Bausparvertrag in der Basis funktioniert. Viele Bausparkassen arbeiten eng mit den Banken zusammen. Der Banker verdient beim Abschluss eines Bausparvertrages an der Abschlussgebühr. Diese wird in der Regel 1:1 von der Bausparkasse an die Bank, sprich, an den Banker, ausgeschüttet.

Die Sparkasse arbeitet seit vielen Jahren mit der LBS zusammen. Die Volks- und Raiffeisenbanken halten sich an Wüstenrot oder Schwäbisch Hall. Es gibt jedoch auch zahlreiche andere Bausparkassen wie BHW oder Badenia, die froh über jeden Abschluss sind, den ein Banker für sie tätigt. Doch auch freie Berater oder Vermögensbetreuer vermitteln Versicherungen oder Bausparer.

Natürlich ist gegen dieses Geschäft nichts einzuwenden. Schließlich konnten Sie in der Vergangenheit als Sparer von den extrem niedrigen Bauzins profitieren. Heute jedoch sieht die Situation schon längst anders aus. Nachdem die Zinsen schon seit vielen Jahren stark am Fallen sind, ist das Bauspardarlehen kaum mehr interessant. Wenn Ihnen der Bankkredit für eine Immobilie mit Grundschuldabsicherung schon für unter 1 % gewährt wird, ist das von keiner Bausparkasse zu toppen. Deshalb ist schon seit mehr als 5 Jahren das Bauspargeschäft fast tot.

Händeringend suchen alle Bausparkassen nach Möglichkeiten, den Bausparvertrag wieder lukrativer zu gestalten. Alle Bemühungen verlaufen sehr zäh. Selbst Einkommensgrenzen, die zu Gunsten des Sparers für Zuschüsse verändert werden, sind kaum relevant.

Erlebt der Bausparvertrag irgendwann sein großes Comeback?

Vermutlich liegt es vor allem an der Entwicklung der Zinsen, ob dieser Vertrag irgendwann einmal wieder wichtig wird. Eine Finanzierung kann sehr gut auf der Basis vom Bausparvertrag kalkuliert werden. Vor 20 Jahren noch galt die Wahrheit: „Wenn Sie 1/3 Ihrer Darlehenssumme über einen Bausparvertrag aufnehmen, kann kaum etwas schiefgehen.

Schließlich sind die Zinsen für den Kredit ein Leben lang gesichert. Man ist nicht von einer Zinsfestschreibung abhängig. Das bietet eine dauerhafte, feste Kalkulationsbasis!"

Sollten die Zinsen also irgendwann wieder ansteigen, dann gewinnt auch der Bausparvertrag sicher wieder an Bedeutung.

Auf den Punkt gebracht:

Ein Azubi oder Student kann sich die kleinen Subventionen, die vom Staat gewährt werden, durchaus mitnehmen. Die Abschlussgebühr für jeden Bausparvertrag ist teuer! Sie kann allerdings für den Kapitalanleger von den Mieten abgezogen werden. Sie ist steuerlich somit von Bedeutung. Der Eigennutzer hat von dieser Gebühr, außer Kosten, gar nichts. Mehr denn je leben die Filialbanken von ihren Vermittlungsgeschäften. An den Provisionen von Fonds, Anleihen, Leasingverträgen, Versicherungen und auch Bausparverträgen verdient sich manche Bank eine goldene Nase. In Zeiten der Nullzinspolitik ist das wichtiger denn je. Deshalb ist vom Abschluss eines Bausparvertrages in der heutigen Zeit im Grundsatz abzuraten. Sorgen Sie für ein vernünftiges Darlehen bei der Bank, hinter der Sie stehen. Schließen Sie allenfalls einen Bausparvertrag für die Zukunft Ihrer Kinder ab.

„Ich habe eine Menge Geld für Alkohol, Frauen und schnelle Autos ausgegeben. Den Rest habe ich einfach verprasst."

Nach diesem Zitat von George Best sollten Sie lieber Ihr Geld für schöne Dinge ausgeben, als sich im Jahre 2020 in einen Bausparertrag einzukaufen!

8. Welche Kosten können im Laufe der Jahre für eine Immobilie anfallen?

Viele Besitzer einer eigenen Immobilie hört man klagen:

„Ist das aber teuer, wenn ich mir das Dachgeschoss ausbauen lasse!“ oder „Ich hätte nicht gerechnet, dass eine Erneuerung des Badezimmers so viel Geld kostet!“

Damit es Ihnen nicht genau so ergeht, stelle ich Ihnen nun in einer Aufstellung vor, mit welchen Ausgaben Haus- und Grundbesitzer zu rechnen haben. Neben den monatlichen Kosten für Schornsteinfeger, Grundsteuer oder das Wohngeld an die Gemeinschaft müssen Sie Rücklagen bilden. Nur so können Sie Ihr Objekt in Schuss halten.

Auch bei Eigentümergemeinschaften, an die Sie das Hausgeld monatlich bezahlen, empfehle ich Ihnen: Sorgen Sie vor. Das, was in den Innenräumen einer Wohnung zu renovieren ist, wird nicht von der Gemeinschaft getragen. Wenn Sie also das Badezimmer oder die Elektrik modernisieren möchten, sind Sie als Eigentümer persönlich dafür verantwortlich!

Die Ziele einer Modernisierung bzw. Renovierung eines älteren Hauses sind klar: Das Anwesen soll danach schöner, umweltschonender, komfortabler, sparsamer und moderner sein.

Bitte beachten Sie: Die Kosten für jede Sanierung sind sehr individuell. Sie sollten sich immer einen Kostenvoranschlag machen lassen, damit Sie eine genaue Kalkulationsbasis haben. Je nach Zustand des Anwesens bzw. Art der Ausstattung können die Preise stark schwanken. Zudem kann der ein oder andere sein handwerkliches Geschick unter Beweis stellen, indem er ggf. nur die Kosten für den Baumarkt kalkulieren muss.

8.1 Expertentipp

Egal, ob Eigennutzer oder Kapitalanleger: Bewahren Sie alle Handwerksrechnungen sowie Belege, die der Erhaltung des Wohnraumes dienen, gut auf. Während der Kapitalanleger prinzipiell alles steuerlich absetzen kann, ist beim Eigennutzer die ein oder andere Renovierung ebenso zum Steuersparen geeignet. Deshalb gilt: Legen Sie alles um Bauordner ab, was mit Hauskosten zu tun hat. Im Zweifelsfalle sprechen Sie mit dem Steuerberater oder dem Finanzamt, was Sie anrechnen können.

- Anhand dieses Beispielhauses stellen wir Ihnen eine Kostenübersicht vor:
- Es geht um ein Einfamilienhaus aus den 1980er-Jahren mit Satteldach,
- Dieses Haus hat ca. 80 Quadratmeter Grundfläche und 1,3 Geschosse
- Die Wohnfläche beträgt 130 Quadratmeter und 5 Zimmer
- Das Haus ist unterkellert

8.2 Dämmung und Abdeckung des Daches

Die Preise für Dachdämmung hängen vom Material, der Stärke, der Form des Dachs und der Art der Dämmung ab. Heimwerker können die Kosten stark verringern. Der Hauptanteil der Handwerkerrechnung liegt, wie so oft, in der Arbeitszeit. Sie sollten beim Handwerker ca. 50,00 Euro pro qm für Innendämmung ohne Verkleidung und für die Aufsparrendämmung bis etwa 200,00 Euro pro qm rechnen. In unserem Beispiel belaufen sich die Gesamtkosten bei ca. 20.000,00 - 35.000,00 Euro.

Eine Dämmung des Daches hält für ca. 20 – 40 Jahre lang. Sie ermöglicht, Heizkosten zu minimieren und somit nachhaltig Energie zu sparen.

Der Dachdecker verlangt allerdings nochmals Geld. Die Kosten belaufen sich bei ca. 5.000,00 – 13.000,00 Euro, damit das Dach ordnungsgemäß gedeckt wird. Sie sehen, dass es alleine ein vernünftiges Dach über dem Kopf zu haben, jede Menge Geld kosten kann!

8.3 Ausbau des Dachgeschosses

Die Kosten sind noch zu toppen, wenn Sie Ihr Dachgeschoss ausbauen möchten. Das ermöglicht Ihnen aber, ggf. neuen Wohnraum zu schaffen. Im Eigenheim nutzen viele Besitzer diese Möglichkeit, dass die Kinder darin leben können. Zudem ist eine Untervermietung sinnvoll, wenn Sie zusätzliche Mieterträge generieren möchten.

8.4 Expertentipp

Sollten Sie im Eigenheim einen bestimmten Teil vermieten, muss jede Miete versteuert werden. Im Gegenzug sind jedoch alle Kosten für diesen Wohnraum steuerlich absetzbar. Der Besitz wird in diesem Falle genau aufgeteilt, damit das Finanzamt weiß, für welchen Anteil die Kosten gelten. Wer hier schlau agiert, kann die Kosten für den gesamten Dachgeschoss-Ausbau steuerlich absetzen.

Die Lebensdauer eines Dachgeschosses beträgt ca. 20 – 40 Jahre. Der Preis, den Sie investieren müssen, beläuft sich bei ca. 25.000,00 – 55.000,00 Euro.

8.5 Anstrich der Außenfassade / Klinkerreinigung

Etwas preiswerter als die bisher vorgestellten Beispiele sind die Rechnungen für Lackierer und Maler. Inklusive Gerüstbau und allen Handwerksleistungen können Sie, wenn Sie das Häuschen frisch anstreichen lassen, mit ca. 2.000,00 – 6.000,00 Euro rechnen. Als Basis sollten Sie mit ca. 20 Euro pro qm Anstrichfläche rechnen. Allerdings hält ein Neuanstrich auch nur ca. 5 – 10 Jahre, bis er erneuert werden muss. Je nachdem, wo Ihr Haus liegt, muss man das Haus oft streichen lassen. Wenn Sie, auch von außen betrachtet, in einem schönen Häuschen leben möchten, sollten Sie dies einkalkulieren. Allerdings sind die Malerarbeiten nicht mit Erneuerung des Putzes berechnet. Diese eventuellen Ausbesserungsarbeiten werden extra veranschlagt.

8.6 Heizungsanlage

Die Kosten für eine neue Heizungsanlage im Beispielhaus belaufen sich bei immerhin 5.000,00 bis 14.000,00 Euro. Sollten Sie einen neuen Brauchwasserspeicher benötigen, müssen Sie nochmals ca. 2.000,00 Euro darauflegen. Dazu kommen ggf. neue Heizkörper, die in etwa 1.800,00 – 2.000,00 Euro kosten. Eine Heizanlage hält jedoch ca. 15 Jahre lang. Zudem ist es sinnvoll, auf Dauer Energiekosten zu sparen. Der alte Heizkessel wird zum Beispiel gegen ein effizientes Brennwertgerät ausgetauscht. Manchmal lohnt es sich, den Brennstoff von Öl zu Gas umzustellen. Wer auf regenerative Energien, zum Beispiel eine Holzpelletheizung oder eine Wärmepumpe achtet, wird der Umwelt gerecht. Das hilft, auf Dauer Kosten zu sparen.

8.7 Finanzierungstipp

Bitte informieren Sie sich bei der KfW darüber, ob Sie günstige Öko-Kredite für die jeweilige Sanierung erhalten. Auch das Solardach wird von der KfW mit günstigem Kredit subventioniert. Zudem können Sie einmalige Zuschüsse mitnehmen.

8.8 Solardach

Ein Solardach kann dabei helfen, auf lange Sicht ökologisch wertvollen Strom zu erzeugen. Allerdings sollten Sie genau wissen, was eine Installation der Solarzellen kosten kann. Der Preis für die Flachkollektoren beläuft sich ab ca. 700,00 Euro pro qm. Röhrenkollektoren belasten hingegen mit ca. 900,00 Euro pro m^2 noch stärker Ihr Budget. Die gesamten Kosten für die Solarthermie-Anlage im Beispielhaus betragen somit ca. 4.000,00 bis 6.000,00 Euro. Dazu kommt der Preis für die Warmwasserbereitung, der mit ca. 4.000,00 bis 11.000,00 Euro (mit Heizungsunterstützung) zu Buche schlägt. Die Lebensdauer eines Solarthermie-Anlage beträgt maximal 25 Jahre.

8.9 Fensterbau

Wenn die Fenster nicht richtig schließen, geht viel Wärme verloren. Außerdem macht es sich in der Wohnqualität entscheidend bemerkbar, wie es um die Qualität Ihrer Fenster bestellt ist. Holz oder Kunststofffenster – was ist besser?

Neu installierte Fenster ermöglichen Ihnen mit einer langen Lebensdauer von etwa 30 Jahren, dass Sie die nächsten Jahre nicht mehr neu investieren müssen. Der Preis beläuft sich bei ca. 350,00 bis 1.000,00 Euro pro qm. Darin ist der Ausbau, sowie die Entsorgung der alten Fenster mit eingerechnet. Die Kosten für neue Fenster im Beispielhaus belaufen sich somit bei ca. 8.000,00 bis 20.000,00 Euro.

8.10 Ausbau des Badezimmers

Im letzten hier vorgestellten Beispiel geht es um den Raum, den Sie täglich mehrmals betreten: Die sanitären Anlagen. Standard oder Luxus? Welche Fliesen passen zu dem, was Sie sich vorstellen? Für ein neues Bad kann jeder viel Geld investieren. Der Preis beläuft sich bei ca. 900,00 bis 3.000,00 Euro pro qm Wohnfläche. Deshalb liegt die Preisspanne im Beispielhaus mit ca. 9.000,00 bis 30.000,00 Euro in einer sehr großen Bandbreite. Mit einem neuen Bad werden Sie nach Sanierung in der Regel für die nächsten 20 – 30 Jahre nichts mehr zu tun haben. Die Lebensdauer ist sehr lange, vor allem wenn Sie sich an eine neutrale Ausstattung halten. So genießen Sie Ihr Badezimmer für viele Jahre.

Natürlich gibt es viele weitere Beispiele für Renovierungen. Neuen Türen, moderne Bodenbeläge oder ein Anbau von Wintergarten oder Balkon? Alles kostet Geld. Letztendlich sind den Baumaßnahmen im Eigenheim fast keine Grenzen gesetzt. Handwerkliches Geschick sollten Sie nur unter Beweis stellen, wenn Sie sich gerne damit beschäftigen. Wenn Sie vom Dach stürzen, hat keiner etwas davon. Zudem sind alle Unfallgefahren von Anfang an auszuschließen. Bevor Sie aufs Baugerüst steigen, sollten Sie wissen, was Sie sich zutrauen.

Übrigens:

Die Kosten, die hier angegeben sind, belaufen sich auf den Bruttobetrag.

8.11 Sanierungshinweise

Eine Modernisierung ist für den Zustand des Hauses extrem wichtig. Denken Sie daran, dass Sie damit eine Wertsteigerung erzielen. Wenn Sie das Objekt verkaufen oder an ein Familienmitglied übertragen möchten, entsteht die Win-Win-Situation. Zudem ist ein komfortables und schönes Objekt, in dem Sie täglich viel Zeit verbringen, ein Gewinn für Ihre Seele. Warten Sie also mit Sanierungsarbeiten nicht zu lange. Beauftragen Sie nur Handwerker, denen Sie vertrauen. Vergleichen Sie Kostenvoranschläge mit den tatsächlich ausgestellten Rechnungen. Wer all diese Aspekte berücksichtigt, kann sich gerne für eine Modernisierung des Anwesens entscheiden.

8.12 Expertentipp

Oft entsteht folgende Frage: „Soll ich einen Kredit für die Sanierung aufnehmen oder die Kosten aus Eigenmitteln bezahlen?“ In diesem Punkt sollten Sie wissen: Wenn Sie ein günstiges Darlehen bei der Bank aufnehmen, bei der Sie das Objekt finanziert haben, kann die bestehende Grundschuld wiederaufleben. Das heißt, Sie sparen sich Kosten und Zeit für den Notar. Zudem nutzen natürlich derzeit viele Menschen die Möglichkeit der Nullzinsen, zu investieren.

Kennen Sie weitere Vorteile, die eine Immobilie mit sich bringt?

„Es ist eine allgemein anerkannte Wahrheit, dass ein Junggeselle im Besitz eines schönen Vermögens nichts dringender braucht als eine Frau.“

Dieses Zitat stammt von Jane Austen aus dem Buch „Stolz und Vorurteil“. Natürlich sollten Sie nicht nur als Mann auf gepflegten Haus- und Grundbesitz großen Wert legen.

9. Schritt für Schritt erfolgreich eine Immobilie erwerben

Was genau ist zu tun, wenn Sie sich für den Erwerb von Haus- und Grundbesitz entscheiden?

Vertrauen Sie auf alle Fälle keinem Makler, der Sie zum Kauf überreden möchte. Sätze wie: „Dann schlägt ein anderer zu, wenn Sie jetzt nicht Ja sagen", sollte Sie nicht beeindrucken.

Damit Sie beim Immobilienkauf nicht draufzahlen, hilft Ihnen folgender Schritte-Plan.

Immobilientipp:

Lassen Sie ggf. einen neutralen Sachverständigen ein Gutachten erstellen, was die Immobilie wirklich Wert ist. Vor allem bei Altbau ist das wichtig! Gehen Sie nachfolgender Systematik vor, wenn Sie sich für den Erwerb von einer Immobilie entscheiden:

9.1 Informationen und nochmals Informationen

Wenn Sie sich für den Erwerb von Eigenheim starkmachen, sollten Sie eines mitbringen: Zeit und Geduld.

Das Internet ist voll von Informationen rund um Wertentwicklung der Vergangenheit in jeweiliger Lage. Hier ist es wichtig, in die Zukunft zu blicken.

Nur aufgrund einer rasanten Preissteigerung sollten Sie sich niemals zum Kauf einer Immobilie entscheiden. Sehen Sie, was für Sie nachhaltig der richtige Weg ist.

9.2 Beispiel

Wer in augenscheinlich perfekter Wohnlage wie Stuttgart eine Immobilie zur Vermietung kauft, muss wissen: Die Lage am Arbeitsmarkt kann sich schnell verändern. Das sieht man alleine am Beispiel von Corona zum Anfang des Jahres 2020. Viele große Konzerne wie Daimler bieten wichtige Arbeitsplätze. In München ist der Sitz von BMW mit dafür verantwortlich, dass die Preise in München und Umgebung stark gestiegen sind. Wenn nun eine Automobilkrise entsteht, betrifft das nicht nur die gesamte Branche, sondern auch die Infrastruktur. Schnell rauschen die Immobilienpreise in den Keller. Es ist bei Haus- und Grundbesitz ähnlich wie an der Aktienbörse: Unerwartete Ereignisse treffen den Markt. Die Berg- und Talfahrt gleicht einer Achterbahn. Clevere Investoren haben ggf. nach längerer Beobachtung des Immobilienmarktes genau diese Situation genutzt. An vielen Orten sind im Frühjahr 2020 die Preise um ca. 20 % nach unten gepurzelt. Wer Mut hat und die Märkte kennt, wird ein gutes Geschäft machen. Die Volatilität (Schwankungsbreite) betrifft einige Sachwertanlagen.

Informieren Sie sich also umfassend, bevor Sie beim Notar unterschreiben. Kontaktieren Sie diverse Anbieter und beobachten Sie die Märkte. Ausschließlich aufgrund der Kündigung Ihres Vermieters bzw. der niedrigen Zinsen ist der Erwerb von Haus- und Grundbesitz oft zum Scheitern verurteilt!

9.3 Besichtigen Sie das Objekt

Natürlich ist der Kauf einer Immobilie nicht nur von der Lage abhängig, sondern vor allem vom Zustand des Anwesens. Bauträger werben oft mit einem wunderschön aufgemachten Exposé, dass den Käufer locken soll. Letztendlich zählt nur, was Sie selbst sehen. Natürlich ist eine Baugrube noch kein Grund, an dem Sie umfassend erkennen, wie sich die Immobilie entwickeln kann. Es ist immer sinnvoll, sich vor Ort über die Qualität zu informieren. Holen Sie bitte deshalb auch Rezensionen von Bauträger, einzelner Firmen, die mit dem Bauvorhaben betraut sind, und deren Ruf ein. Auch bei Gebrauchtimmobilien sollten Sie es sich durchaus gönnen, das Objekt mehrmals zu besichtigen. Fahren Sie mit dem Auto die Wohngegend ab. Beim Kapitalanleger steht natürlich nicht im Vordergrund, dass die Lage genau zu ihm passt. Trotzdem ist folgende Frage nicht zu vernachlässigen: „Möchte ich wirklich hier wohnen und welche Perspektive bietet die Gegend auf lange Sicht?"

9.4 Expertentipp

Wenn Sie am Erwerb von Altbau interessiert sind, den Sie sanieren möchten, können Sie vor Ort mit Statiker oder Architekten das Anwesen besichtigen. Hier stehen die Chancen gut, dass es nicht zu bösen Überraschungen kommt. Vertrauen Sie außerdem auf Ihre Menschenkenntnis. Wenn der Makler einen seriösen Eindruck hinterlässt und zudem eine gute Ausbildung genießt, sind die Kosten dafür gut investiertes Geld. Außerdem lohnt es sich, bei Webseiten wie Immobilienscout und Co nach Objekten zu suchen, die Sie sich auf die Merkliste setzen. Das spart Zeit und letztendlich auch Geld.

9.5 Holen Sie sich Rat von einem Experten ein

Nicht nur einem Makler können Sie vertrauen. Suchen Sie sich Vorbilder, die clever in Sachwerte investieren. Eine zweite Meinung schadet nie! Besichtigen Sie mit der ganzen Familie das Haus, dass Sie ggf. kaufen möchten. Mehrere Augen sehen viele Dinge, die Sie alleine beim Besichtigungstermin nicht objektiv betrachten. Welcher Banker und Besitzer von Eigenheim bzw. Handwerker schenkt Ihnen sein Fachwissen? Fragen Sie um Hilfe! Die meisten Menschen helfen gerne. Wenn Sie Menschen auf Augenhöhe begegnen und ab und an um einen Gefallen bitten, ist das sicher keine Schande. Eine Hand wäscht die andere. Je mehr Expertenwissen Sie einholen, desto besser können Sie Ihre Entscheidungen treffen. Allerdings gilt: Entscheiden Sie sich. Die zu zögerlichen Gedanken bringen viele Menschen nicht weiter. Wenn Ihnen Ihr Lieblingsobjekt „vor der Nase weggeschnappt wird" ärgern Sie sich vermutlich über Ihre mangelnde Aktivität. Letztendlich ist es wie an der Börse: Hinterher ist jeder Investor schlauer! Ein wenig Risiko gehört immer mit dazu, um clever zu agieren.

9.6 Finanzierungszusage vor Notartermin

Bevor Sie sich mit einem Notarvor-Vertrag binden, sollten Sie die Finanzierung berechnen. Diverse neutrale Finanztools helfen Ihnen dabei. Sie vermitteln Ihnen die Bank, die zu Ihnen passt. Bei den Seiten Vergleich oder Interhyp zum Beispiel können Sie mit einfach zu bedienenden Tools selbst Ihren Finanzierungsplan berechnen. Erst danach gehen Sie zur Bank. Nach der Beratung entscheiden Sie selbst. Eine Angelegenheit ist aber wichtiger denn je, bevor Sie sich für den Kauf entscheiden: der sogenannte Kapitaldienst! Die Kapitaldienstfähigkeit ist Ihre Option, dass Sie sich zukünftig aufgrund Ihrer Einnahmen die gesamten Finanzierungsrate (Zins und Tilgung) leisten können. Banken berechnen, aufgrund Ihres Cashflows, ob die Finanzierung auf lange Sicht auf soliden Beinen steht.

Expertentipp:

Sie sollten sich selbst eine Einnahmen- und Ausgabenrechnung schriftlich aufstellen. Hier sehen Sie Ihre Einkommenssituation gegenüber allen Ausgaben. Bedenken Sie bitte, dass jährliche Versicherungsprämien ebenso das Budget belasten wie Ausnahmesituationen, mit denen Sie nicht gerechnet haben. Nur dann, wenn Sie nachhaltig mit Ihrer Finanzierung glücklich sind, können Sie von der Immobilie profitieren. Gewähren Sie sich ca. 10 % - 15 % als Puffer, damit Sie vor Notsituationen geschützt werden. Bedenken Sie, dass der Verlust des Arbeitsplatzes oder eine entstehende Krankheit das Einkommen gefährden könnte. All diese Weisheiten vermittelt Ihnen ein seriöser Banker. Doch sind wirklich alle Finanzierungsberater ehrlich, wenn es um die Bedürfnisse des Kunden geht?

9.7 Wann den Kreditvertrag unterschreiben?

Zum endgültigen Notartermin sollten Sie erst gehen, wenn die Finanzierung in trockenen Tüchern ist. Hier stellt die Bank oft eine schriftliche Finanzierungszusage aus, mit der Sie zum Makler oder Verkäufer gehen. Diese schriftliche Zusage bieten die meisten Banken gratis als Service an. Der Notar stellt Ihnen erst nach Abwicklung eine Rechnung aus. In der

Regel ist es möglich, dass Sie die Sicherheiten-Bestellung sowie den Kaufvertrag in einem Termin notariell beurkunden lassen. Welchen Notar sollten Sie aufsuchen? Alle Preise sind reglementiert. Während Sie beim Kredit mit dem spitzen Bleistift rechnen sollten, ist die Auswahl des Notariats nicht entscheidend.

Nachdem Sie alles verstanden haben, was Ihnen der Fachmann vorliest, können Sie unterschreiben. Erst jetzt sind Sie glücklicher Besitzer einer eigenen Immobilie. Stoßen Sie mit Ihrer Familie auf dieses besondere Ereignis an. Danach unterschreiben Sie bei der Bank den Kreditvertrag. Die Grundschuldbestellung sowie eine Kopie des Kaufvertrages, übermittelt das Notariat in der Regel automatisch an Ihre im Vorfeld genannte Bank.

9.8 Planung und Strukturierung des Umzugs

Wenn der eigene Umzug ansteht, sollten Sie alle alten Verträge kündigen und Ihren Umzug genau planen. Müssen Sie einen passenden Mieter suchen, gehen Sie mit genauer Struktur vor. Übrigens: Die meisten Banken lassen Ihnen, bis die erste Kreditrate fällig wird, 1 – 2 Monate nach Umzug Zeit. So können Sie sich einen kleinen finanziellen Freiraum verschaffen.

Manche Institute verlangen die schriftliche Vorlage des Mietvertrages, wenn Sie als Kapitalanleger unterwegs sind. Das sichert die Möglichkeit, die Kreditrate auf Dauer zu erbringen.

Natürlich ist es wichtig, dass Sie sich Zeit für den Umzug einräumen. Manchmal lohnt es sich, den Jahresurlaub dafür zu verwenden. Je besser Sie planen, desto mehr Geld sparen Sie. Nicht immer benötigt man eine teure Umzugsfirma, um das neue Anwesen zu beziehen! Auch hier gilt: Freunde und Bekannte helfen meist gerne!

9.9 Richtig versichern

Die Versicherung ist die Basis, dass Haus- und Grundbesitz und die eigene Familie auf Dauer abgesichert sind. Die Brandversicherung ist Pflicht. Je nach Möglichkeiten bietet es sich an, eine Sturm- und Hagelversicherung abzuschließen. Allerdings ist jede Versicherung nur so gut wie ihre Leistungen.

Versicherungstipp:

Beim Kauf einer ETW, die sich in einer Gemeinschaftsanlage befindet, sorgt die Eigentümergemeinschaft für die richtige Absicherung. Die Kosten werden anteilsmäßig auf Sie umgelegt. In der jährlichen Aufstellung der Eigentümergemeinschaft erfahren Sie, welche Prämien Sie steuerlich geltend machen können. Die Bank verlangt in der Regel den Nachweis der Brandversicherung. Eine Kopie dieser Urkunde sollten Sie also nach Abschluss parat haben.

9.10. Nach dem Umzug: Bilden Sie Rücklagen

Jetzt geht es darum, dass Sie Reserven bilden. Wie bereits erwähnt, hängt es vom Zustand des Objektes und von der Größe der Immobilie ab, wie hoch dieser Sparvertrag ausfallen soll. Legen Sie die Rücklagen möglichst gewinnbringend an. Manchmal lohnt es sich, einen ETF mit geringen Schwankungen dafür abzuschließen. Guthaben sollten auf Dauer verfügbar sein, wenn sie benötigt werden. Viele Bausparkassen werben damit, dass es sich lohnt, deshalb einen Bausparvertrag abzuschließen.

Wenn Sie all diese Schritte beherzigen, kann beim Immobilienkauf kaum etwas schiefgehen. Zurecht wird Haus- und Grundbesitz als Betongold bezeichnet.

Schon jetzt wünsche ich Ihnen viel Erfolg bei der Umsetzung und eine gute Wertentwicklung in der Zukunft!

„Als ich jung war dachte ich, dass Geld das Wichtigste im Leben ist und nun, da ich alt bin, weiß ich es."

Zitat von Oscar Wilde

10. Praxisbeispiele Immobilienfinanzierung

Jetzt stelle ich Ihnen ein paar Beispiele vor, die es tatsächlich in der Praxis gibt. Nicht immer ist der Immobilienkauf vom Erfolg gekrönt. Bilden Sie sich selbst Ihre Meinung. Nur so können Sie Risiken und Gefahren von Anfang an ausschließen. Ist der Notar- und Kreditvertrag unterschrieben, gibt es schließlich kein Zurück mehr!

10.1 5 alltägliche Praxisbeispiele Übersicht

10.1.1 Fall Nr. 1: Kinderloses Ehepaar

Kai und seine Frau Svenja planen den Kauf einer Eigentumswohnung zur Selbstnutzung. Die beiden sind 33 und 31 Jahre alt. Der Kaufpreis beläuft sich bei netto 200.000,00 Euro. Dazu kommen die Kosten für den Notar und die Grunderwerbsteuer sowie die Garage. Brutto müssen Kai und seine Ehefrau mit 240.000,00 Euro für den Neubau rechnen. Das Paar konnte bisher genau 70.000,00 Euro ansparen, die für den Erwerb hergenommen werden dürfen. Weitere Reserven sind vorhanden. Die Finanzierungssumme beläuft sich auf 170.000,00 Euro. Es wird ein Zins von 1 % und eine Tilgung von 2 % veranschlagt. Die bisherige Miete beträgt vor dem Umzug 500,00 Euro kalt. Wie sieht die Finanzierung aus?

10.1.2 Lösung

Für dieses Vorhaben muss das Ehepaar 425 Euro pro Monat aufbringen. Die jährlichen Kosten, die zu tragen sind, belaufen sich auf 5.100,00 Euro. Nachdem die Kosten für die Kaltmiete bisher etwas höher ausfielen, könnte diese Finanzierung glatt verlaufen. Der Einfachheit halber wird in diesem Fall davon ausgegangen, dass die Wohnnebenkosten alles in allem in etwa gleichbleiben. Allerdings wäre die Finanzierung auf bessere

Beine gestellt, wenn das Wohngeld nicht zu hoch ausfiele. Schließlich sollten zusätzliche Rücklagen mit einkalkuliert werden. Noch dazu darf sich am privaten Umfeld (rund um Arbeitsplatz und Reduzierung des Einkommens) keine negative Veränderung ergeben.

10.1.3 Expertentipp

1. Vielleicht könnten zinslose Verwandtschafts-Darlehen oder finanzielle Unterstützung der Familie dabei helfen, die Kosten für die ETW zu verringern.
2. Wie sieht es in Sachen Familienplanung bei dem jungen Paar aus? Es muss von Anfang an klar sein: Entfällt ein Einkommen für längere Zeit, kann es zu einem finanziellen Engpass kommen. Kindergeld sowie Erleichterungen vom Staat holen die Einkommenssituation meist nicht auf. Ein Krippenplatz kostet Geld, wenn Svenja weiterhin Geld verdienen möchte. All diese Punkte sind in das Vorhaben fair einzurechnen.
3. Die Zinsbindung sollte für eine möglichst lange Zeit abgeschlossen werden. So kommt es nicht zu unerwarteten Mehrkosten, weil der Markt sich verändert.
4. Beim Umzug ist darauf zu achten, die Kosten gering zu halten.
5. Je besser das finanzielle Fundament, desto erfolgreicher wird sich diese Investition auf Dauer erweisen.

10.2 Fall Nr. 2: Single

Thomas ist überzeugter Single. Er hört zum Ende des Jahres von seinem Steuerberater: „Sie sollten unbedingt darauf achten, dass Sie Ihre Steuerlast senken. Aus diesem Grunde schlage ich Ihnen den Kauf einer Wohnung vor, die Sie gut vermieten können“. Thomas lässt sich eine steuerliche Auswertung geben und möchte den Fiskus daran teilhaben lassen, sich Eigenheim zu schaffen. Die Investition der Immobilie, die Thomas anstrebt, beläuft sich auf brutto 250.000,00 Euro. Der Single besitzt diverse Depotkonten, einen Bausparvertrag und weitere Ersparnisse, damit er die Wohnung aus seinen Reserven bezahlen könnte. Er sagt zu seinem Steuerberater: „Eigentlich möchte ich keine Schulden! Deshalb bezahle ich einfach die Wohnung aus meinem Erspartem. Sie setzen dann Wohngeld, Grundsteuer, Maklerkosten und alles weitere ab, was meine Steuern senkt". Was sollte Thomas beherzigen?

10.2.1 Mögliche Lösungen

1. Wenn es um ein Steuersparmodell geht, ist es sinnvoll, günstiges Darlehen bei der Bank aufzunehmen.
2. Wenn Thomas zum Beispiel 180.000,00 Euro Schulden zu 2 % Zins aufnimmt, kann er im Jahr der Finanzierung ganze 3.600,00 Euro von der Steuer absetzen. Das wären im Monat immerhin 300,00 Euro. Bei einem Steuersatz von 45 % würde Thomas also pro Monat 135,00 Euro mehr sparen als ohne das Darlehen. Im Gegenzug könnte das angelegte Geld weiterhin im Depot arbeiten und Gewinne abliefern. Diese Gewinne sind allerdings zu versteuern.
3. Die Finanzierung steht auf soliden Beinen, da die Einkommenssituation auf lange Sicht gewährleistet ist. Außerdem ist die monatliche Miete, die in diesem Fall bei 500,00 Euro kalt liegt, das Element, dass die Finanzierungskosten von brutto 450,00 Euro tragen kann.
4. Zudem sollte sich der Investor überlegen, ob er überhaupt einen festen Tilgungssatz (von zum Beispiel 1 % pro Jahr) in die Finanzierung einbringen möchte. Die rein erbrachte Tilgung von 150,00 Euro pro Monat könnte auch in einen sicheren Sparvertrag eingebracht werden. Bei Fälligkeit des Darlehens wird mit dem Sparvertrag getilgt.
5. Der Sparvertrag kann auch in Form einer kapitalbildenden Lebensversicherung eingezahlt werden (Risikoabsicherung).

10.2.2 Expertentipp

Natürlich können alle steuerlichen Grundlagen hier nur sehr vereinfacht vorgestellt werden. Letztendlich sollte in diesem Falle der Steuerberater eine detaillierte Berechnung vorlegen, bevor sich Thomas für die passende Investition entscheidet. Auch ohne Steuerberater könnte sich Thomas in diversen Tools schlau machen über die günstigste Steuerersparnis. Übrigens können Sie sich über den richtigen Sparvertrag in meinem Buch über ETF oder die Aktienanlage informieren, welche Erträge Sie vielleicht sogar steuerfrei erzielen können!

10.3 Fall Nr. 3: Lebensgemeinschaften

Sabine möchte mit ihrem Freund Mike eine Wohnung gemeinsam beziehen. Bisher leben beide noch zu Hause bei ihren Eltern. Das Paar ist seit 4 Jahren liiert und plant eine spätere Heirat. Während Sabine gute finanzielle Reserven in Höhe von 60.000,00 Euro besitzt, ist Mike nicht ganz so sparsam. Er könnte keine Barmittel in den Immobilienkauf einbringen. Sabine ist 22 Jahre alt und verdient ca. 2000,00 Euro netto. Mike hingegen ist 27 und verdient zur Zeit als Selbständiger umgerechnet ca. 3.000,00 Euro netto pro Monat. Sein Gewerbe als Vertreter läuft seit 2 Jahren recht florierend. Bisherige Ersparnisse hat er allerdings immer in die Firma investiert. Die Altbauwohnung, die gekauft werden soll, kostet brutto 150.000,00 Euro. Es wird ein Zinssatz von 1 % sowie eine Tilgung von 2 % für die aufgenommene Kreditsumme von 90.000,00 Euro unterstellt. Was sollten Sabine und Mike beachten, damit das Vorhaben nicht schiefgeht?

10.3.1 Mögliche Lösungen

1. Auf den ersten Blick sind die jährlichen Finanzierungskosten mit 2.700,00 Euro nicht sehr hoch. Pro Monat entstehen somit nur Kosten von 225,00 Euro, die die Miete ersetzen. Dazu kommt noch das Wohngeld, die Kosten für die Lebenshaltung und einiges mehr.

2. Wenn ein gemeinsamer Notar- und Kreditvertrag abgeschlossen wird, lauern Gefahren, die nicht abzuschätzen sind. Was ist, wenn sich die beiden trennen und gemeinsam für die Immobilie und die Schulden haften? Wer behält dann die Wohnung?
3. Außerdem ist zu bedenken, dass nur Sabine Eigenmittel einbringt. Deshalb sollte man den Notarvertrag von Anfang an auf Sabine abschließen, die auch die Finanzierungskosten zu tragen hat. Um ein Gleichgewicht darzustellen, könnte Mike die Nebenkosten für die Wohnung tragen. Auch ein Mietanteil wäre denkbar.
4. Sabine und Mike sollten in dieser Testphase, der ersten gemeinsamen Wohnung, erst einmal herausfinden, wie das Zusammenleben funktioniert. Erst im Anschluss ist ein gemeinsamer Vertrag von beiden einzugehen. Sogar dann, wenn beide verheiratet wären, sollte ein finanzielles Ungleichgewicht beim Kauf von Eigenheim möglichst ausgeschlossen werden.

10.4 Fall Nr. 4: Ruhestand / Rentner

Das ca. 70-jährige Ehepaar Richard und Doris möchte sich vom selbst genutzten Reihenhaus trennen. Das Objekt ist schuldenfrei und verursacht vor allem eines: viel Arbeit. Da die erwachsene und einzige Tochter längst aus dem Haus ist und das Paar in Leipzig wohnt, möchte es in die Nähe des Kindes nach Köln ziehen. Richard und Doris lieben das Familienleben und planen mehr Unternehmungen mit den Enkeln. Deshalb streben Doris und Richard den Kauf einer kleinen Wohnung mit dem Brutto-Kaufpreis von 180.000,00 Euro in der Nähe von Köln an. Für das bisher bewohnte Haus wird ein Erlös von 210.000,00 Euro erzielt. Einen Kreditvertrag möchte das Paar nicht mehr abschließen. Die Kosten für den Umzug sowie die Räumung des Hauses werden aus den vorhandenen Rücklagen beglichen. Zudem werden alle Kaufnebenkosten (Notar, Makler und Grunderwerbssteuer) aus Sparguthaben bezahlt. Weitere Reserven sind nicht vorhanden. Die Rente beläuft sich auf 1.200,00 Euro für Richard und 650,00 Euro bei Doris. Was ist bei diesem Immobilienkauf zu beachten?

10.4.1 Mögliche Lösungen

1. Die Kosten für die Finanzierung entfallen. Allerdings ist das Wohngeld von Anfang an zu beachten. Sind alle Nebenkosten in Köln günstiger als in Leipzig?
2. Der Kaufvertrag für die Wohnung sollte erst dann unterschrieben werden, wenn der Hausverkauf fest beurkundet ist. So sind Richard und Doris auf der sicheren Seite.
3. Die Liquidität der Kaufpreissumme von 180.000,00 Euro ist unbedingt sicherzustellen. All dies kann mit dem Notar besprochen werden.
4. Wenn ein Haus zu Gunsten einer Wohnung geräumt werden muss, entstehen nicht selten hohe Kosten für Entrümpelung und Co. An welchem Inventar ist der neue Besitzer interessiert?
5. Natürlich ist es immer eine Umstellung, eine neue Wohngegend zu beziehen und sich räumlich zu verkleinern. Deshalb müssen Richard und Doris genau bedenken, mit welchen Konsequenzen ein Wohnortwechsel verbunden ist.
6. Die Umgebung von Köln kennen die Rentner gut. Alte Freundschaften und Vereine werden neuen weichen. Der Umzug im letzten Lebensabschnitt muss überlegt sein.
7. Es ist zu überprüfen, ob die Wohnung nicht auf den Namen der Tochter, die in Köln wohnt, gekauft werden soll. Das kann unter Umständen steuerliche Vorteile mit sich bringen.

10.5 Fall Nr. 5: Alleinstehende Person

Regina arbeitet als Zahnarzthelferin. Sie bezieht derzeit ein Nettoeinkommen von monatlich 1.400,00 Euro. Bisher bezahlte die 30-jährige Frau eine Miete von 450,00 Euro inklusive aller Nebenkosten. Regina möchte sich aber räumlich vergrößern und plant, dass sie dafür eine Wohnung mit 80 qm Wohnfläche kauft. Dieses Neubauobjekt kostet inklusive aller Nebenkosten 200.000,00 Euro. Bisher hat Regina noch keine Rücklagen gebildet. Sie genießt ihre Freizeit. Sparen hat sie nie gelernt.

Aufgrund der Kündigung des Vermieters sagt sie sich: „Jetzt oder nie! Bevor ich wieder eine andere Wohnung anmiete, kaufe ich doch gleich etwas Eigenes. Mir kündigt kein Vermieter mehr!" Regina sucht den Berater bei ihrer Sparkasse auf. Wozu wird er ihr, sinngemäß, vermutlich raten?

10.5.1 Mögliche Lösungen

1. Bei einer Rate von 500,00 Euro werden die üblichen Finanzierungskosten für Zins und Tilgung (zusammen 3 %) unterstellt. Da Regina bisher 450,00 Euro brutto für ihre Miete bezahlt hat, wird der Banker sagen: „Sie müssen zuerst Reserven ansparen, damit Sie sich diese Immobilie leisten können!"
2. Von Anfang an ist klar: Das „Nein" für diese Finanzierung schützt Regina, unüberlegte Entscheidungen zu treffen. Die Fähigkeit, den Kapitaldienst nachhaltig zu tragen, ist in diesem Fall nicht gegeben.
3. Schließlich kommen zu den Finanzierungskosten noch Wohngeld von ca. 200,00 Euro pro Monat hinzu. Beim Einkommen von Regina wäre es aus diesem Grund unverantwortlich, nur aufgrund der Sicherheit den Kredit zu gewähren.

10.5.2 Expertentipp

Regina sollte lernen, Reserven zu bilden. Sie könnte damit zum Beispiel, mit einem monatlichen Sparvertrag von nur 50 Euro beginnen. Wer in jungen Jahren das Sparen lernt, kann später stolzer Immobilienbesitzer werden. Hier eignet sich unter Umständen ein Sparbuch oder das klassische Festgeldkonto. Auch der Abschluss von einem ETF oder Bausparvertrag ist eine Möglichkeit.

11. Immobilienfonds als Alternative?

Es macht einen entscheidenden Unterschied, ob Sie die Immobilie selbst nutzen oder als Kapitalanleger agieren.

Betongold möchten viele Menschen kaufen. Wenn Sie nicht selbst Nutzer des Objektes sein möchten, ist der Immobilienfonds eine Lösung.

Der offene Immobilienfonds ermöglicht, auch schon mit kleinen Summen in diesen Sachwert zu investieren. Diese Fonds werden als REIT´s (Real Estate Investment Trust) bezeichnet. Sie nehmen somit in Form einer Beteiligung an der Wertentwicklung von verschiedenen Objekten (im In- und Ausland) teil. In Ihrem Depot sammeln Sie Vermögen von Haus- und Grundbesitz an. Dennoch sollten Sie wissen: Die Assetklasse Immobilie bedeutet immer eine langfristige Investition. Wenn alle Stricke reißen: Den Fonds können Sie an der Börse schnell verkaufen.

„Eine kreative Ökonomie ist der Treibstoff der Wohlfahrt"

Zitat von Ralph Waldo Emerson

Von der florierenden Wirtschaft können auch Sie profitieren, wenn die Immobilienpreise steigen. Der Wertzuwachs in Deutschland bestätigt es längst: Die Sachwertanlage Immobilie ist eine Assetklasse, die sich lohnt!

12. Immobilienkredit / Besonderheit Bank

Welche Tipps gibt es, wie Sie mit dem Banker zu Ihrem Vorteil handeln können?

Der erste Schritt nach der Darlehenszusage ist, dass Sie damit zu Ihrem Makler gehen. Häufig möchte er eine Finanzierungs-Bestätigung, damit er Ihnen das Objekt guten Gewissens verkaufen kann. Schließlich ist er für den erfolgreichen Deal von Käufer und Verkäufer verantwortlich.

Dieses dient nur zum Nachweis der Bonität und sagt noch nichts über den endgültigen Kaufpreis aus!

Zunächst einmal müssen Sie mit der Bank verhandeln. Pokern Sie dabei ruhig hoch und kaufen Sie nicht den ersten Zinssatz ab, der Ihnen angeboten wird. Bleiben Sie aber dabei realistisch.

Der Vergleich im Internet der günstigen Zinsen helfen Ihnen dabei. Zeigen Sie während des Gespräches an Ihrem Mobiltelefon oder Tablet, welche Konditionen Sie im Internet gefunden haben!

Folgende Punkte dürfen Sie beachten, wenn Sie eine Finanzierung aufbauen:

1. **Je solider Ihr Baudarlehen aufgestellt ist, desto sicherer für die Bank.** Ohnehin ist der mit einer Grundschuld gesicherte Kredit für die Bank mit kaum einem Risiko verbunden.
   Es gilt die Grundregel:
   Je mehr Eigenkapital Sie einbringen, desto mehr Verhandlungsspielraum haben Sie. Schließlich wäre es im äußersten Falle der Zwangsversteigerung bei Verkauf für die Bank fast kein Risiko, wenn Sie kaum noch Rest-Darlehen zu bedienen haben.

2. Auch bei den **Bereitstellungszinsen**, beim Vorfälligkeitsendgeld, bei Schätzgebühren oder vielen versteckten Kosten mehr lässt mancher Banker mit sich reden.

3. Bringen Sie **Unterlagen** wie Einkommensnachweise, Bauplan bzw. alle Objektunterlagen, Vermögensnachweise, Einkommenssteuerbescheide und alle geforderten Unterlagen von Anfang an mit, wenn Sie das Beratungszimmer des Bankers betreten.
   Hierüber können Sie sich im Vorfeld bei Ihrer Hausbank informieren. Das hinterlässt einen guten Eindruck. Je seriöser Sie wirken, desto mehr nimmt man Sie ernst.

4. Achten Sie auf ein **kostenloses Girokonto**, das ggf. die kompletten Ausgaben rund um die Immobilie bzw. die Eingänge nachweist. Meist ist es sinnvoll für die Steuer (für Kapitalanleger besonders relevant!) ein separates Konto zu eröffnen. Dies übernimmt die finanzierende Bank, was die komplette Abwicklung für Sie einfach macht. Bezahlen Sie für dieses Konto aber nichts!

5. **Banker verdienen mittlerweile bei einer Baufinanzierung kaum mehr hohe Margen.** Allerdings dürfen Sie sich vom „Gejammer“ manches Beraters nicht beeindrucken lassen. Wer würde sonst schon die immer noch stattlichen Gehälter und wunderschönen Gebäude des Finanzinstitutes bezahlen, wenn es nicht der Kunde wäre?

6. **Zeigen Sie dem Banker ruhig ein paar Vergleichsangebote.** Es geht schließlich um Ihr Budget. Nehmen Sie ggf. eine Person mit, die Verhandlungsgeschick beweist. Bedenken Sie: Eine Finanzierung begleitet Sie sicher die nächsten 25 Jahre, vielleicht noch länger. Jeder Cent lohnt sich hier, den Sie sich einsparen.

Beispiel: Wenn Sie bei den Finanzierungskosten nur 10 Euro pro Monat gespart haben, bringt das bei einer Laufzeit von 25 Jahren ganze 3.000 Euro!

7. **„Finanzierung aus einer Hand"** - mit diesem Begriff werben viele Banken und Sparkassen. Das bedeutet, dass Sie mit KfW- oder Sonderkrediten über andere Partner nur zu einem Banker gehen. Das ist also weniger Aufwand für den Kunden, als alles online abzuwickeln. Dennoch sollte Sie diese Besonderheit keine zusätzlichen Euros kosten!

8. **Ist es oft leichter**, einen Kredit für Kapitalanlagen oder Konsum wie Autos oder Reisen aufzunehmen als die Zusage für den Baukredit zu erhalten?
   Diese Frage können Sie sich nur selbst beantworten. Fest steht, dass mancher Finanzierungsberater an blanko gewährten Konsumdarlehen (Dispo) am Allermeisten verdient. Deshalb sind viele Vermögenshaie auch besonders scharf auf dieses Geschäft. Das geht aber zu Lasten des Kunden!

9. **Nicht immer ist Ihre Hausbank auch der beste Anbieter** für die Immobilienfinanzierung. Vergleich macht reich – und das vor allem dann, wenn es ums große Geld geht.
   Führen Sie mit mindestens 3 Banken Vorabgespräche, aber ohne, dass dieses als Kreditanfrage gewertet wird und somit neutral gegenüber Ihrer Schufa wirkt. Weisen Sie im Gespräch ausdrücklich daraufhin!

10. **Lesen Sie die AGB´s und Vertragsbedingungen genau durch**, bevor Sie unterschreiben. Manchmal lohnt es sich, einen Finanzcoach, Rechtsanwalt oder andere Experten zu Rate zu ziehen.

Nehmen Sie diese Profis ruhig zum Finanzierungsgespräch mit oder lassen Sie den Profis eine Kopie des Vertrages vorab zukommen!

Bedenken Sie immer, dass guter Service natürlich nicht umsonst ist. Allerdings sind viele Finanzierungsberater geschulte Leute, die Ihre Servicequalität immer ins beste Licht rücken.

Vertrauen Sie also nicht blind!

In Banken und Sparkassen wird mittlerweile auf die Schulung der Mitarbeiter, was den Vertrieb anbelangt, mehr Wert als auf die fachliche Qualifikation gelegt.

So mancher seriöse Bankangestellte sagt sich: „Ich bin nur noch ein Verkäufer und kein Berater mehr!" Er wirft früher oder später das Handtuch, weil er nicht immer im Sinne des Kunden handeln darf.

Das ist mit einer der häufigsten Gründe, warum Banker aus dem Job aussteigen oder am Burnout erkranken. Der Druck ist, vor allem in der Welt ohne Zinsen, besonders hoch.

„Geld ist nicht alles, aber viel Geld ist schon etwas."

Zitat von George Bernard Shaw

13. Verhandlungstaktiken

Jetzt geht es ans Eingemachte:

Cash zu sparen lohnt sich bei jeder Immobilie mehr denn je! Verhandeln Sie nicht nur mit der Bank, sondern auch mit dem Makler, Vermittler und dem Eigentümer.

Außerdem lässt auch der private Verkäufer mit sich reden, wenn er das Objekt loswerden möchte. Je länger Sie sich mit dem Markt beschäftigen, desto besser für Sie!

Dabei sammeln Sie Ihre wertvollen Erfahrungen und ziehen die richtigen Schlüsse daraus. „Gut Ding will Weile haben“ - dieser aus dem Volksmund bekannte Spruch zählt mehr denn je für den Handel mit Immobilien.

Das betrifft vor allem den Käufer, der mit dem spitzen Bleistift rechnen sollte!

Fragen Sie stets den Verkäufer, warum er sein Anwesen loswerden möchte.

Steht eine Trennung oder ein finanzieller Engpass an, können Sie meist einen guten Rabatt herausholen. Auch dann, wenn Sie den Eindruck haben, der Verkäufer möchte unbedingt in eine andere Region ziehen, ist das die Gelegenheit schlechthin für Sie als Käufer. Außerdem spricht es für günstige Einkaufspreise, wenn das Objekt schlecht zu vermieten ist.

Bei einem Kaufpreis von 200.000,00 Euro für eine Wohnung oder ein Häuschen mit Garten sind 30% immerhin ganze 60.000 Euro. Dafür können Sie die komplette Einrichtung oder einen eleganten Luxus-Wagen kaufen. In Krisenzeiten lohnt es sich besonders, clever zu sparen. Unter Druck, wenn zum Beispiel Menschen auf jeden Euro angewiesen sind, den Sie mit dem Verkauf einnehmen, sollten Sie besonders wachsam sein.

Damit Sie eine Idee davon haben, wie Sie genau Geld beim Kauf sparen können, dient diese Übersicht:

1. Nehmen Sie sich die Zeit dafür, den Markt zu beobachten. Dafür dienen die Tageszeitung und vor allem jede Art von Online-Portalen wie Immobilien-Scout, Immowelt und Co.
   Sie können auch bei allen Banken nachsehen, wie lange eine Immobilie zum Verkauf angeschlagen steht. Je länger Haus- und Grundbesitz inseriert sind, desto mehr können Sie den Preis drücken. Meist möchte der Verkäufer irgendwann sein Anwesen nur noch loswerden.

2. Sehen Sie immer nach, auf welchen verschiedenen Plattformen das Objekt zum Kauf angeboten wird. Je mehr Angebote zum gleichen Objekt auf verschiedenen Portalen vorhanden sind, desto mehr Rabatte sind möglich. Ebenso, wenn auf einmal mehrere Makler, das gleiche Objekt anbieten.

3. Das Thema Nummer 1 für den Preissturz von 30 % oder mehr stellt allerdings die Zwangsversteigerung dar. Hier möchten meist Banken, wegen notleidender Kredite schnell ihre Darlehen zurückbezahlt haben. Der ehemalige Inhaber der Immobilie kann sich die Kreditrate in den meisten Fällen nicht mehr leisten.
   Der Verkäufer ist meist der Darlehensgeber, der nur eines möchte: Seinen Kredit mit der Sicherheit verwerten.
   Der Verkaufspreis ist ihm oftmals (fast) egal, wenn die notleidende Finanzierung getilgt ist.

4. Wirtschaftliche schwere Finanzlagen gibt es auch in allgemeinen Krisen wir Covid 19 oder eines stark fallenden Marktes. Zum Beispiel war der Auslöser der Finanzmarktkrise im Jahre 2008 eine Immobilienblase in den USA. Die Folge davon, waren nicht nur massiv fallende Aktienkurse, sondern purzelnde Preise für Haus- und Grundbesitz.

„Kaufe, wenn die Kanonen donnern“ – das Motto von Andrew Kostolany gilt für alle Sachwerte.
So nutzt die schweren Zeiten an den Finanz- und Immobilienmärkten vor allem einer: der clevere Einkäufer!

5. Was ist, wenn die Infrastruktur sich in einer jeweiligen Lage verändert? Schnell können Schließungen von Flughäfen, Bahnhöfen oder anderen, sehr guten Verkehrsanbindungen die Preise purzeln lassen. Die solide Infrastruktur ist nahezu ein Garant für steigende Preise. Schlagen Sie also zu, wenn Sie, aufgrund der veränderten Infrastruktur, rasch fallende Preise erleben. Oft verändert sich die Lage der Verkehrsanbindungen, Einkaufmöglichkeiten und Co schon nach ein paar Jahren wieder. Glück für den, der dann schon gekauft hat.

6. Was ist, wenn Umweltkatastrophen wie Tschernobyl eine ganze Region verändern? Auch Überflutungen, Erbeben und Co beeinflussen die Immobilienpreise extrem. Hier lohnt es sich, genau hinzusehen, ob Sie genau diese Zeit nutzen möchten. Manchmal halbieren sich gar die Kaufpreise nach Katastrophen, die ganze Gebiete verändern. Allerdings ist es sinnvoll, hier mit dem spitzen Bleistift zu rechnen. Oft steigen die Versicherungsprämien für Sturm, Brand, Hagel und Co so stark an, dass sich doch kaum ein Investor findet, der die Risiken nicht genau einschätzen kann. Wenn dann die Versicherung ergänzend nicht bezahlt, wenn es zum Schaden kommt, sagt mancher Haus- und Grundbesitzer: „Ich kann es mir nicht mehr leisten, alle paar Jahre mit dem Neuaufbau meiner Immobilie zu kalkulieren. Ich möchte das Objekt nur noch verkaufen und endlich in Frieden leben.“ Ein Beispiel: In Passau in Bayern gibt es immer wieder massive Überschwemmungen. Hier ist der Schaden allerdings nicht genau abzuschätzen, wenn die Flutkatastrophe wirklich eintreten sollte. Deshalb

gilt: Lassen Sie für diese besonderen Regionen von einem Sachverständigen beraten. Klären Sie im Vorfeld ab, wie es rund um die Versicherung bestellt ist.

7. Was ist, wenn die Zinsen wieder ansteigen? Das Zinsänderungsrisiko ist in diesem Buch schon ausführlich erklärt. Wenn nach Ablauf der Zinsbindung die monatliche Kreditrate plötzlich von 300 oder auf 590 Euro oder noch mehr ansteigt, müssen viele Haus- und Wohnungs-Besitzer verkaufen. Die Chance für Sie, besonders günstig einzusteigen.

Dies sind die hauptsächlichen Gründe, warum die Märkte fallen. Nehmen Sie sich bitte die Zeit dafür, nach Schnäppchenpreisen zu suchen. Vor allem Kapitalanleger, die nicht im gekauften Anwesen leben und Ihren Alltag danach ausrichten, investieren intelligent. Sie sehen sich genau in den Lagen um, die besonders vom Preisverfall betroffen sind. Tun Sie es schlauen Investoren gleich und achten Sie auf die volatilen Märkte in guten Regionen. Schalten Sie ggf. einen Experten ein, der für sein Gutachten nur einen Bruchteil davon verlangt, was Sie im Gegenzug sparen können.

„Freunde“, die einen Rat umsonst versprechen und sich doch nicht richtig auskennen, sollten Sie aus dem Spiel lassen. Es geht um Ihr Geld. Deshalb sind schriftliche Gutachten besser als nur ein gesprochenes Wort. Wenn´s ums Geld geht, hört die Freundschaft auf.

„Der oberste Zweck des Kapitals ist nicht, mehr Geld zu schaffen, sondern zu bewirken, dass sich das Geld der Verbesserung des Lebens widmet.“

Zitat von Henry Ford

14. 7 erfolgreiche Verhandlungstaktiken

1. Der Poker beim Preis und der schnellen Bezahlung

1. Die Eheleute Moritz möchten ein Haus zur Selbstnutzung kaufen. Dabei verhandelt vor allem Herr Moritz sehr geschickt. Die Verkäuferin hat das Anwesen schon sehr lange online gestellt, was Herrn Moritz aufgefallen ist. Der Kaufpreis beträgt 260.000 Euro, wobei noch vor Monaten das Haus für 280.000 Euro im Angebot stand.

2. Herr Moritz sagt zur Verkäuferin: „Ich kaufe Ihnen Ihr Haus für 170.000 Euro ab. Dafür können wir Morgen gleich zum Notar gehen." Die Verkäuferin ist über das Angebot in der Summe, was den Betrag betrifft, nicht glücklich. Dennoch ist der Trick des schnellen Verkaufs für sie die Verlockung schlechthin, da sie endlich die Immobilie loswerden möchte.
   Sie sagt: „Der Preis ist viel zu niedrig. Ich möchte schon mindestens 240.000 Euro."

3. Herr Moritz entgegnet: „180.000 Euro kann ich sofort bei der Bank flüssigmachen. Deshalb könnten wir uns auf diese Summe einigen, und der Verkauf geht problemlos und schnell über die Bühne."
   Letztendlich lässt sich die Verkäuferin schnell auf dieses Angebot ein. Wer sich die in Lage des Verkäufers versetzt weiß: Je öfter sich potentielle Käufer das Haus angesehen haben, desto genervter der Immobilienbesitzer. Sicher möchte er nicht weiterhin große Menschenmassen durch sein Anwesen führen, damit einer endlich kaufen wird. Diesen Vorteil können Sie nutzen für Ihr Verhandlungsgeschick.

Welche Strategie steckt hinter diesem Beispiel?

Es gilt, den Preis deutlich niedriger anzusetzen als die Summe, die Sie bereit wären zu bezahlen. Zudem ist das „Druckmittel" mit der schnellen Abwicklung vor allem für Objekte, die schon lange angeboten werden, eine gute Sache zum Sparen für den Käufer.

2. Emotionale Hintergründe erfahren

1. Ein schlauer Kapitalanleger, Herr Müller, möchte in einer schlechten Lage (Dank, mangelnder Infrastruktur) eine ETW kaufen. Er sieht diese schon lange in einem Immobilienportal und weiß, dass der Privatverkäufer das Objekt seit mehreren Monaten veräußern möchte. Der Preis liegt aktuell bei 200.000 Euro. Bisher wurde der Betrag im privaten Anzeigen-Portal noch nicht gesenkt.

2. Herr Müller befindet sich am anderen Ort von Deutschland. Er ruft die Dame an (die Immobilie ist nicht vom Makler angeboten) und versucht herauszufinden, worin ihr Motiv für den Verkauf liegt.

3. Die Verkäuferin sagt: „Ich gebe das Objekt jetzt bald einem Makler, das kostet zwar Geld, aber ich möchte mich so schnell wie möglich aus der Gegend verabschieden. Das Klima schadet meiner Gesundheit. Zudem gibt es keine guten Ärzte hier, wie es früher einmal war. Meine Tochter wohnt in Köln und ich möchte in ihre Nähe ziehen."

4. Herr Müller erkennt, dass die ältere Dame gerne über sich erzählt. Er nutzt die Chance, ihr gut zuzuhören und bringt ein großes Verständnis für ihre Situation auf. Er schafft dabei eine emotionale Bindung, die gerade bei älteren Damen gut ankommt. Charmant zu sein hat noch niemals geschadet.

5. Nach drei Tagen ruft Herr Müller die Frau erneut an. Er sagt ihr: „Wir sparen uns die Kosten für den Makler, diese würden immerhin ca. 20.000 Euro betragen (die Summe ist bewusst etwas zu hoch angesetzt.) Außerdem sage ich Ihnen zu, dass ich Ihnen die Immobilie bis Ende nächster Woche bezahle - zum Preis von 150.000 Euro minus die ersparten Maklergebühren. Sie erhalten also einen Preis in Cash von 130.000 Euro.
   Die Rentnerin sagt: „Das muss ich erst mit meiner Tochter besprechen. Das ist schon viel zu wenig für diese Wohnung."

6. Die beiden vereinbaren einen weiteren Telefontermin und einigen sich auf einen Preis von 145.000 Euro. Das sind immerhin 55.000 Euro (!) Rabatt. Der Kauf geht reibungslos über die Bühne und teure Kaufnebenkosten (Makler und auch Grundbuchkosten durch den verringerten Kaufpreis) wurden eingespart, was letztendlich dem cleveren Trick von Herr Müller geschuldet ist.

Was steckt dahinter?

Die Emotionen zu verstehen ist immer ein guter Schritt, clever zu agieren. Allerdings sollte hier der Käufer stets ein gutes Gewissen in sich tragen, weil er zwar schlau aber seriös und ehrlich agiert. Zudem versteckt sich hinter dieser Vorgehensweise, die Kaufnebenkosten als Preisnachlass zu nutzen. Vor allem beim privaten Verkauf bietet sich das an.

3. Zeit ist Gold wert – pokern Sie ruhig einmal...

1. Der frisch geschiedene Dieter möchte eine kleine Wohnung beziehen. Dazu ist er nicht bereit, eine Mietwohnung anzumieten. Er sieht sich auf dem Markt um und weiß: „Zu schnell kann ich nicht erwarten, eine passende, schöne Wohnung zu kaufen."

2. Dieter zieht zur Untermiete bei einem Freund ein und sieht sich in Ruhe nach kleinen Wohneinheiten in seiner Nähe um. Dabei fällt ihm eine schöne Immobilie auf, die auf verschiedenen Portalen inseriert ist. Der Kaufpreis beträgt 210.000 Euro.

3. Dieter meldet sich über den Makler und erfährt, dass der Kaufpreis maximal bei 205.000 Euro liegen würde. Der potentielle Käufer sagt: „Ich zahle 170.000 Euro und überweise Ihnen das Geld sofort. Ich benötige dabei keinen Kredit von der Bank, da ich soeben unser gemeinsames Haus verkauft habe. Ich zeige Ihnen bei der Besichtigung den Vermögensnachweis anhand vom Kontoauszug."

4. Beim Besichtigungstermin hat Dieter alle Unterlagen dabei. Er macht einen soliden Eindruck und der Makler möchte dennoch den Preis nach oben drücken. Dieter pokert und sagt: „Nein – bei 170.000 Euro kommen wir ins Geschäft. Ansonsten entscheide ich mich für eine andere Wohnung, bei der, der Verkäufer schon auf mein Geld wartet."

5. Der Deal lohnt sich – die Wohnung wird zum Preis von 170.000 Euro verkauft. Am nächsten Tag ist der Notartermin fest vereinbart. Dieter bezahlt sofort die Summe an die Verkäuferin, die froh ist, nicht mehr lange warten zu müssen.

Was hat in diesem Beispiel Dieter richtig gemacht?

In einer akuten Not sollte man keine Immobilie kaufen. Deshalb ist es sinnvoll, dass Dieter die Zeit bei einem Freund nutzt, sich am Markt umzusehen. Zudem pokert er, was immer bei cleveren Verhandlungen erlaubt ist. Natürlich hat er keinen „Plan B" in der Tasche, möchte aber nicht mehr als 170.000 Euro für die ETW investieren. „Hopp oder Top" -

diese Methode rentiert sich für alle, die nicht dringend nur das eine Objekt kaufen möchten.

4. Sich Zeit für den Preispoker nehmen und mehrere Objekte beobachten

1. Frau Schmatz plant als Kapitalanlegerin die Krise am Markt zu nutzen. Ihr geht es ausschließlich darum, sehr preiswert zu kaufen. Der Zustand der Wohnung ist hierbei natürlich relevant, aber nicht vorwiegend ausschlaggebend.

2. Die Investorin hat Erfahrungen im Immobiliengeschäft gesammelt und nutzt vor allem Objekte ohne Maklerkosten, bei denen Sie extrem günstig kauft.

3. Sie verhandelt mit mehreren Verkäufern gleichzeitig und möchte den bestmöglichen Preisnachlass erzielen. Dabei nimmt sie sich Zeit im Urlaub und hat mit 3 – 4 Verkäufern immer gleichzeitig Kontakt, um herauszufinden, was als maximaler Nachlass möglich ist.

4. Letztendlich nimmt sich Frau Schmatz zum Vorsatz, nach 2 – 4 Wochen das beste Angebot genutzt zu haben. Mit dem Druckmittel „Ich bezahle Ihnen Morgen die Wohnung, wenn ich diese anstatt für 300.000 Euro für 200.000 Euro bar in Cash auf die Hand kaufe“ findet sich der ein oder andere Verkäufer, der dringend Geld benötigt.

Welche intelligente Methode praktiziert Frau Schmatz?

Sie nimmt sich Zeit und kümmert sich ein paar Wochen nur um die Suche nach dem richtigen Objekt. Außerdem nutzt sie die Lage einer Krise. Sie fokussiert sich auf die Leute, mit denen Sie allen in Kontakt steht und weiß, warum sie jeweils ihr Anwesen verkaufen möchten. Mit dem Trick:

„Ich zahle sofort und Sie müssen in keinen Makler investieren" findet sie schnell einen Verkäufer. Zudem profitiert die Kapitalanlegerin von Ihrem Erfahrungsschatz.

5. Holen Sie sich einen Sachverständigen und suchen Sie Makel für den Preisnachlass

1. Pius plant für seine Familie ein kleines Häuschen im Grünen zu kaufen. Das Haus ist in die Jahre gekommen und wird schon seit einigen Monaten zum Preis von 210.000 Euro angeboten. Allerdings sieht sich Pius schon lange am Markt um. Noch vor einem Jahr war das Haus zum Verkaufspreis von 250.000 Euro online.

2. Er besichtigt das Haus mit seiner ganzen Familie im Vorfeld zweimal, bevor er alleine mit einem Sachverständigen die Räume betritt. Seinen 13 und 15-jährigen Kindern sagt er im Vorfeld: „Bitte seid nicht zu begeistert, damit die Verkäuferin nicht meint, wir müssen unbedingt dieses Haus kaufen. Sagt mir in Ruhe hinterher, was euch gefällt und was nicht." Die Teenager verstehen das und lernen dadurch fürs Leben.

3. Nach 2 Besichtigungsterminen sagt Pius dem Makler: „Ich möchte nochmals mit einem Sachverständigen den Zustand von Keller, Dachboden und Co ansehen. Das Haus ist alt und somit schütze ich mir vor ungeplanten Renovierungen, die mein Budget sprengen würden."

4. Der Sachverständige findet einige Mängel und stellt diese sehr vorteilhaft in seinem Gutachten dar. Dieses Gutachten nutzt Pius, um den Preis auf ganze 145.000 Euro nach unten zu drücken. Dabei spart er sich auch Makler- und Grundbuchgebühren sowie die Grunderwerbssteuer, da diese immer nach dem Kaufpreis berechnet werden.

Die Strategie des Gutachters ist vor allem für gebrauchte Objekte und Häuser ein guter Weg, um den Preis nach unten zu drücken. Zudem ist es schlau, dass die potentiellen Käufer etwas zurückhaltend bei der Besichtigung reagieren. Angebot und Nachfrage regeln immer den Preis. Mit einem neutralen Blick lässt sich besser verhandeln als aus emotionalen Impulsen heraus.

6. Zwangsversteigerungen – der Schlüssel zum cleveren Nachlass

1. Herr Mack ist schon lange in seiner Freizeit am Immobilienmarkt unterwegs. Regelmäßig sieht es sich Objekte an, die unter Druck verkauft werden.

2. Er beschäftigt sich im Vorfeld stets detailliert mit der Lage und Infrastruktur, wo er kaufen möchte. Danach besucht er die Zwangsversteigerungen und bietet kräftig mit. Der Preis wird nicht selten für eine Villa von 800.000 Euro auf ganz 500.000 Euro gedrückt. Dies stellt nur ein Beispiel dar.

3. Bei Zwangsversteigerungen gilt: Pokern lohnt sich! Entweder Herr Mack hat Glück oder eben nicht. Dann kommen neue Gelegenheiten, in denen er eifrig mitbieten darf.

4. Im Vorfeld ist es wichtig, die passende Finanzierung auf sichere Beine zu stellen. Bei Zwangsversteigerungen gibt es kein Zurück mehr und man sollte im Vorfeld alle Konsequenzen durchdenken.

Fazit:

Diese Strategie lohnt sich für alle Menschen, die gerne herumexperimentieren. Hier steht der finanzielle Vorteil an erster Stelle. Zudem sollten Sie sich von erfahrenen Immobilien-Profis durchaus einmal zeigen lassen, wie eine Zwangsversteigerung abläuft. Danach können Sie selbst aktiv werden und dürfen als Schnäppchenjäger unterwegs sein.

7. Der Trick mit dem Deal

1. Die Eheleute Angler planen ihre ETW in ein Haus zu tauschen. Dabei sehen sie sich schon seit geraumer Zeit am Markt um, damit sie das passende Anwesen finden. Das Ballungszentrum in Stuttgart und Umgebung zeigt viele unterschiedliche Angebote in praktisch allen Preisklassen.

2. Frau Angler arbeitet selbst in eine Bank und weiß, wie der Markt einzuschätzen ist. Dabei sagt sie zu Ihrem Mann: „Das Ideale wäre, wenn wir unsere Wohnung gleich gegen das Haus tauschen können. Manche Leute möchten in einer Großstadt in eine kleine Wohnung ziehen und als Rentner sich zum Beispiel verkleinern. Wir suchen das Gegenteil. Das Beste wäre, man tauscht das Objekt einfach untereinander aus. Das kostet zwar etwas Zeit, aber diese investiere ich gern, wenn dabei etliche 10.000 Euro gespart werden können."

3. Die Familie sieht sich bewusst nach werthaltigen Objekten um, die ca. 30% - 35 % mehr Wert aufweisen als die eigene ETW, die derzeit noch bewohnt wird. Frau Angler telefoniert mit den Verkäufern und findet, nach einigen Monaten, zwei ältere Verkäufer, die ihr Haus gegen eine ETW tauschen möchten.

4. Die Familie hat Glück! Mit dem folgenden Argument sticht Frau Angler: „Wir sparen uns doch alle viel Zeit, Gebühren und Aufwand, wenn wir mit dem Geschäft zufrieden sind. Dabei müssen wir beide keinen Kredit aufnehmen und nicht noch Nebenkosten für Sicherheit und Co bezahlen. Notar- und Grundbuchgebühren

kosten schließlich viel Geld." Natürlich findet ein Tausch von Haus- und Grundbesitz nicht ohne Notar statt.

5. Ein Deal kann aber auch anders aussehen. Sie können zum Beispiel vorschlagen: „Ich kaufe Ihnen das Haus nicht für 110.000 Euros, sondern für 80.000 Euro ab. Dafür übernehme ich die Entsorgung aller Möbel, die Sie ohnehin nicht mehr brauchen und teuer entrümpeln lassen müssen.

6. Finden Sie den Deal heraus, der zum Verkäufer und zu Ihnen passt. Das kostet zwar etwas Zeit und Verhandlungsgeschick, kann jedoch zu Nachlässen von bis zu 35 % oder noch mehr führen

Welche Methode kam zum Einsatz?

Die Methode bei diesem Beispiel besteht aus emotionalem Verhalten und materiellen Interessen. Ältere Menschen, die Haus- und Grundbesitz verkaufen möchten, sind oft dankbar für jede unproblematisch stattfindende Hilfe. Bei jedem Deal sollte es für beide Geschäftspartner ein gutes Geschäft sein.

Fazit

Die Sachwertanlage Immobilie ist eine lukrative Angelegenheit. Egal, ob Häuslebauer, Kapitalanleger oder der Eigennutzer einer Wohnung, die ihm selbst gehört: Jedes Vorhaben rund um Betongold sollten Sie von der Pike auf planen! Wer hierbei genau rechnet und sich nicht nur von billigen Zinsen locken lässt, ist gut beraten. Die Lage ist das Wichtigste, damit Sie eine Wertsteigerung erleben. Vom Kauf von Haus- und Grundbesitz im Ausland rate ich generell ab. Hier wird Ihnen oft das Blaue vom Himmel versprochen. Das Gleiche gilt für geschlossene Beteiligungen, die Sie nicht verkaufen können. Es sind viele Scharlatane am Markt unterwegs, die nur von Vermittlungsprovisionen leben. Diese möchten meist nur eines: Ihr Geld!

Selbst, wenn Sie gerne Zeit auf Mallorca oder Teneriffa verbringen und hier den Wohnsitz im Alter planen, sollte man alle Konsequenzen beim Immobilienkauf bedenken. Nicht immer ist ausländisches Recht klar und verständlich!

Betongold ist nur pures Gold, wenn Sie intelligent planen. Gleichgültig, ob es sich um ein vermietetes Objekt oder um den Eigenbedarf handelt: In einer schlechten Wohnqualität will niemand leben. Das mindert auf Dauer nicht nur die Miete, sondern macht auch für den Bewohner keinen Sinn! Gute Qualität hat ihren Preis. Nicht alles, was teuer ist, überzeugt aber mit guter Qualität. Deshalb sollten Sie immer bei Neu- und Altbau genau rechnen, bevor Sie sich für den Kauf entscheiden. Vor allem dann, wenn Sie in einem Bundesland wohnen, in dem die Grunderwerbssteuer beim Höchstsatz von derzeit 6 % liegt, sind die Nebenkosten extrem hoch. Ein Auto können Sie schnell veräußern. Einen Partner wechseln viele Leute öfter als gedacht. Das hat zwar meist ideelle, aber nicht immer materielle Konsequenzen. Bei Haus- und Grundbesitz sieht das schon ganz anders aus! Sind Sie nicht zu zögerlich mit Ihren Kaufentscheidungen. Das Maximale kann man nie aus dem Leben ziehen. Wägen Sie alle Vor- und Nachteile ab, die Sie nachhaltig mit einer Immobilie erzielen können. Wetten, damit stehen die Chancen mehr als gut, dass Sie ordentliche Gewinne realisieren werden?

Zeigen Sie, dass Sie ein glückliches Händchen besitzen, wenn es um schlaue Anlagestrategien geht. Betongold schützt vor Inflation.

Schaffen Sie sich den Wohnraum, der zu Ihnen passt. Nehmen Sie Ihr finanzielles Schicksal selbst in die Hand. Verlassen Sie sich nicht auf einen Vermieter, der Sie bei Anmeldung von Eigenbedarf in eine missliche Lage versetzt. Agieren Sie mit Scharfsinn und Verstand, wenn Sie selbst als Vermieter Steuern sparen möchten. So stehen die Chancen gut, dass Ihr Vermögensaufbau auf soliden Beinen steht! Zudem gebe ich Ihnen eine wichtige Tatsache an die Hand, die Benjamin Franklin in seinem bekannten Zitat ausdrückt.

„Zufriedenheit macht arme Leute reich; Unzufriedenheit macht reiche Leute arm."

Checklisten

Auf den folgenden Seiten finden Sie alle wichtigen Checklisten, die Sie jederzeit ausdrucken können, um optimal auf alles vorbereitet zu sein!

Checkliste Finanzierungsberatung

- Erstgespräch – Bankberatung
- Kopie des Personalausweises / Reisepass (auf Gültigkeit achten)
- aktuelle Lohn- Gehaltsabrechnungen (mind. 3 Monate)
- Nachweise aller sonstigen Einkünfte
- Bei Bedarf den letzten Einkommenssteuerbescheid
- Nachweise des Eigenkapitals (Depotauszüge, Kontoauszüge etc. etc.)
- Objektunterlagen (Expose, Gutachten, Lageplan etc. etc.)

Checkliste Objekt

- Was suchen Sie?
- Was für ein Objekt suchen Sie?
- Soll es eine Wohnung oder ein Ein-, Mehrfamilienhaus sein?
- Neubau oder darf es auch eine Bestandsimmobilie sein?
- Zur Selbstnutzung oder als Kapitalanlage?
- Mit oder ohne Makler suchen?
- Umfeld des Objekts?
- Infrastruktur (Kitas, Schulen, Vereine ...)

Checkliste Eckdaten des Objekts

- Massivbauweise oder Fertigbauweise
- Baujahr
- Grundriss
- Wohn- und Nutzfläche
- Kellergeschoss
- Garage / Carport / Stellplatz
- Baubeschreibung
- Grundbuchauszug
- Teilungserklärung
- Energieausweis
- Anbauten

Checkliste Bauamt

- Gibt es eingetragene Baulasten?
- Planung oder genehmigte Neubauten in der unmittelbaren Nähe
- Straßensanierungsplan? Beiträge?
- Milieuschutz / Denkmalschutzauflagen?
- generelle Altlasten?

Checkliste Eigentümer

- Fragen an den/die Eigentümer
- letzte Modernisierungsmaßnahmen?
- Schadstoffhaltige Mineralien verbaut oder im Grundstück (Asbest, etc. etc.)?
- Historie der Vorbesitzer?
- Unterhaltungskosten, Wartungskosten?
- Höhe der jährlichen Grundsteuer?
- letzte größere Reparatur?

Checkliste Mieter

- Anti - Mietnomade
- Personalausweis
- ausgefüllte Mieterselbstauskunft
- Lohn- Gehaltsnachweise der letzten 3 Monaten, aller Beteiligten
- Kontoauszüge der letzten 6 Monate zeigen lassen (nur Mietzahlungen)
- Schufa Auskunft
- Mietschuldenfreiheitsbestätigung vom aktuellen Vermieter
- Mietkaution ausschl. per Sparbuch oder Kautionsversicherung, keine Bar Kaution!
- evtl. eine Mietausfall- & Rechtsschutzversicherung abschließen

Vielen Dank für den Kauf dieses Buches!

Die Checklisten können Sie hier ***risikofrei und ohne zusätzliche Registrierung sofort herunterladen****:*

oder per Link:

https://bit.ly/38nWbQ4

Mieterselbstauskunft

Vordruck für die Mieterselbstauskunft finden Sie:

https://www.wohnungsboerse.net/mieterselbstauskunft

Es gibt keinen gesetzlichen Anspruch des Vermieters, mit dessen Hilfe er die Beantwortung der Fragen in der Mieterselbstauskunft verlangen kann. Der Mieter ist insofern nicht verpflichtet die geforderten Angaben zu machen.

Allerdings sollten Sie als Vermieter denjenigen Mietinteressenten, der die Mieterselbstauskunft nicht abgegeben hat, auch nicht seine Wohnung vermieten.

Haftungsausschluss

Die Umsetzung aller enthaltenen Informationen, Anleitungen und Strategien dieses E-Books erfolgt auf eigenes Risiko. Für etwaige Schäden jeglicher Art kann der Autor aus keinem Rechtsgrund eine Haftung übernehmen. Für Schäden materieller oder ideeller Art, die durch die Nutzung oder Nichtnutzung der Informationen bzw. durch die Nutzung fehlerhafter und/oder unvollständiger Informationen verursacht wurden, sind Haftungsansprüche gegen den Autor grundsätzlich ausgeschlossen. Ausgeschlossen sind daher auch jegliche Rechts- und Schadensersatzansprüche. Dieses Werk wurde mit größter Sorgfalt nach bestem Wissen und Gewissen erarbeitet und niedergeschrieben. Für die Aktualität, Vollständigkeit und Qualität der Informationen übernimmt der Autor jedoch keinerlei Gewähr. Auch können Druckfehler und Falschinformationen nicht vollständig ausgeschlossen werden. Für fehlerhafte Angaben vom Autor kann keine juristische Verantwortung sowie Haftung in irgendeiner Form übernommen werden.

Urheberrecht

Impressum

1. Auflage

Manuela Hasselstein-Röder wird vertreten durch:
Marc Netzer, Ulmenstr. 16, 41363 Jüchen

Printed in Poland
by Amazon Fulfillment
Poland Sp. z o.o., Wrocław

68641394R00061